PERIODISTAS SIN MIEDO 8

NORMA ESTELA FERREYRA

ISBN 978-1-291-93667-4

4

NOTA DE LA AUTORA

Este es un libro documental y como tal, sus artículos no se pueden corregir en cuanto a cualquier error, ortográfico o de otra clase, que posea el escrito. El trabajo de la autora no es creativo sino intelectual, por cuanto su labor ha consistido en la selección de textos periodísticos, que corresponden a periodistas de gran prestigio y, como lo sugiere su título, son honestos en cuanto a que exponen sin tapujos lo que consideran como la verdad, en contraposición con lo que dicen los medios monopólicos del mundo y que la tergiversan, según la conveniencia de los poderes económicos internacionales.

(Corresponde al 8vo libro de la serie)

La guerra mediática por el control del mundo

Vicky Peláez (RIA NOVOSTI, especial para ARGENPRESS.info)

Si no están prevenidos ante los medios de comunicación, los harán amar al opresor y odiar al oprimido (Malcolm X, 1925-1965).

Los medios de comunicación corporativos globalizados han dejado toda la sutileza y sofisticación en la presentación de la desinformación y han emprendido una guerra mediática abierta contra todos los países que se atreven a buscar los caminos alternativos de desarrollo socioeconómico que no coincide con el neoliberalismo impuesto por los Estados Unidos.

El nuevo modus operandi de la prensa globalizada lo muestra el reciente artículo del reportero de la NBC News, Jim Maceda publicado bajo el título "Tour of Ukranian

Russian border, finds non signs of military buildup" (El viaje a lo largo de la frontera entre Ucrania y Rusia muestra que no hay signos de movimientos de tropas (rusas)". Sin embargo, al día siguiente la NBC News cambió el titular del mismo artículo anunciando: "No signs of Russian troops withdrawal from Ucranian border" (No hay signos de la salida de las tropas rusas de la frontera con Ucrania).

Lo mismo sucede con la presentación de las noticias sobre Venezuela. La semana pasada la Oficina de la Organización de Naciones Unidas (ONU) en Venezuela emitió un comunicado en que "saluda el esfuerzo que se viene realizando en el marco de las conferencias nacionales y regionales de paz y el anuncio hecho por el Sr. Presidente Nicolás Maduro sobre la creación del Consejo Nacional de Derechos Humanos". También la ONU felicitó al presidente por sus esfuerzos para promover la paz en el país y rechazó "cualquier hecho violento, la destrucción de la propiedad pública y privada y el obstáculo a la libre circulación de ciudadanos". Por supuesto, la prensa globalizada no vio ni escuchó, peor aún acalló el hecho siguiendo el memorándum del 23 de enero pasado del presidente Obama que señalaba que "incitando la violencia popular podría ayudar a sacar al presidente Maduro del poder"

El mensaje no puede ser más claro para los medios de comunicación globalizados que se volcaron a presentar durante estos últimos dos meses la violencia en Venezuela como la lucha por la democracia para acabar con la "dictadura del gobierno". Inclusive se elaboró en Washington "El Plan Estratégico para Venezuela" suponiendo que la crisis en las calles facilitará la intervención de Norteamérica y de las fuerzas de la OTAN con el apoyo de Colombia. Para dar un mayor estímulo a la oposición y a hacer más eficaz la guerra mediática, la Cámara de Representantes del Congreso estadounidense aprobó el 4 de marzo pasado la Resolución 488 (R488) por 393 votos y uno en contra en apoyo "del pueblo de Venezuela que protesta pacíficamente en defensa de la democracia y contra el crimen exhortando el fin de la actual violencia".

Lo que están ocultando los medios de comunicación globalizados son las pérdidas por los daños causados al país por los manifestantes opositores que superan ya 10,000 millones de dólares, según los datos del equipo económico del gobierno. En el estado Lara estos "manifestantes pacíficos" trataron de quemar a médicos cubanos rociándolos de gasolina en los consultorios donde atienden a millares de personas cada mes. En el estado de Táchira atacaron las instalaciones de la Universidad nacional Experimental de las Fuerzas Armadas afectando a más de 5,600 estudiantes. Frente a estos hechos vandálicos la prensa globalizada está guardando un profundo silencio o simplemente están señalando al gobierno como el responsable de la violencia. Y esta información la están propagando día a día los periodistas al servicio de los globalizadores como parte de la guerra mediática, usando mensajes repetitivos para crear una imagen completamente distorsionada de la crisis en Venezuela y ocultando el hecho que los disturbios se producen solamente en 18 de las 335 municipalidades del país.

Lo mismo está sufriendo Siria desde el marzo de 2011 cuando se inició la propagación de noticias internacionales capciosas para preparar a la audiencia mundial para una posible agresión o invasión en contra del país. Los laboratorios de desinformación y a la vez del terrorismo fueron establecidos bajo la tutela de la CIA y la DIA (la Agencia de Inteligencia del Pentágono) en Turquía, Jordania y Chipre creando una red de periodistas, intelectuales asalariados y cadenas de medios de comunicación para propagar "la noticia mentira" permanentemente para confundir la opinión pública mundial. El canal qatarí Al-Jazeera, alguna vez un medio alternativo, se convirtió con la ayuda de la CIA en uno de los centros de la guerra mediática contra el gobierno legítimo de Siria encabezado por el presidente Bashar Al-Assad quien ya en 2003 fue declarado el "enemigo de los EE.UU. al negarse a prestar su territorio a las fuerzas militares de EE.UU. para bombardear a Irak.

La frustración que tuvo Washington al no permitir Rusia el cambio de régimen en Siria y al observar el inicio del acercamiento de Irán a

Rusia y posteriormente sentirse incapaz de prevenir el retorno de Crimea a los brazos de Moscú, produjo gran irritación en el gobierno de Obama cuyo resultado fue la intensificación de la guerra mediática contra el liderazgo de Putin, esperando el apoyo de la oposición rusa y la elaboración de las sanciones económicas contra este país. Estados Unidos estaba preparándose para este proceso desde 2012 cuando inició una campaña mediática contra los medios de comunicación rusos debido al aumento de la información alternativa en contraste a la desinformación globalizada elaborada por Washington y su aliado incondicional Bruselas.

Parece que la irritación de Washington con Moscú ha cegado la capacidad analítica de los "iluminados" al elaborar las sanciones que en realidad afectan más los intereses norteamericanos que los rusos. Inclusive los líderes estadounidenses ofrecen, sin darse cuenta, cierta ventaja ideológica a Moscú a pesar de que los dos países hablan el mismo idioma capitalista. Lo interesante y lo que es nuevo a la vez, es que las sanciones contra algunas personalidades rusas que tienen prohibido entrar en la UE y poseer bienes allí no las declara la primera superpotencia del mundo, sino su incondicional satélite, la Unión Europea. Así en esta lista absurda aparece el director general de la recién formada agencia internacional "Rossiya Segodnya", el conocido presentador de televisión, Dmitriy Kiseliov. Resultó que este hombre ha sido el único periodista afectado por las sanciones. Cualquier estudioso de propaganda diría que la selección de un periodista para el castigo produciría un efecto contradictorio a lo deseado por sus autores pues hace crecer al personaje y al medio de comunicación que él representa. También muestra la inseguridad de los castigadores.

Tanto la Unión Europea como sus curadores en Washington están perdiendo la guerra de la información que ellos han desatado contra Venezuela, Siria, Irán y Rusia. Y lo curioso de todo esto que recientemente Washington amenazó con sanciones a la misma Unión Europea por atreverse a declarar como una necesidad urgente crear su propia red de comunicación electrónica independiente de los Estados Unidos para proteger la privacidad de los europeos. Actualmente más del 70 por ciento del tráfico electrónico en Europa pasa a través de Norteamérica y en el caso del otro satélite estadounidense, Canadá, el 90 por ciento. Lo mismo sucede con América Latina y Rusia. Así Washington asegura su hegemonía en el fluido y diseminación de la información a nivel global acomodándola a sus propios intereses nacionales.

Los que se atreven dentro de los Estados Unidos a investigar, buscar fuentes alternativas de la información o simplemente se dedican al periodismo informativo, "están intimidados y perseguidos por atreverse a exponer el alcance de las actividades secretas del gobierno", según la abogada italiana y representante de la Asociación Internacional de Juristas Demócratas (AIJD), Micól Savia. Esta jurista afirmó que en su afán de encontrar las fuentes de la información clasificada publicada por la prensa, "el gobierno llegó a registrar las comunicaciones y movimientos de reporteros".

Para confirmar este hecho citó el caso del periodista independiente colaborador de "The Guardian" y "Vanity Fair, Berret Brown "quien se enfrentó a una acusación que podía suponerle 105 años de cárcel por haber publicado un hipervínculo a una serie de documentos confidenciales de la agencia privada de inteligencia Stratfor, "hackeado por "Anonymous". Brown estuvo en prisión más de un año y posteriormente le fue impuesta la prohibición a él y sus abogados de hablar de su caso con la prensa". Casi lo mismo está sucediendo en Europa. El Reino Unido, que siempre se ha caracterizado por una legislación muy avanzada en materia de la libertad de prensa, está experimentando una regresión en este campo. Como ejemplo Micól Savia quien citó las presiones que ejerció el gobierno británico sobre el diario "The Guardian" para impedir la publicación de los documentos relativos al programa de vigilancia masiva por parte de la Agencia de Seguridad Nacional (NSA) de EEUU y su homóloga británica GCHQ y sus órdenes de destruir discos duros de documentos entregados por Edward Snowden.

Lo que finalmente "The Guardian" tuvo que cumplir.

Tomando en cuenta todo lo que está pasando en los Estados Unidos y la Unión Europea respecto a la veracidad de la información y la libertad de prensa, podemos dar la razón al director de la agencia Rossia Segodnia, Dmitriy Kiseliov quien sostiene que "actualmente hemos invertido los papeles. Rusia se apuesta por la libertad de expresión, mientras que el Occidente ya no lo hace. Se han producido cambios tectónicos en la civilización. En Rusia se puede abordar cualquier tema, existen canales de televisión, radios y periódicos para todos los gustos y no se bloquea el acceso al internet. No hay ninguna obra literaria prohibida. Se publica todo, a excepción de lo que está directamente proscrito por la Constitución". Resulta que inclusive se conocen los nombres de opositores, como Serguey Parjomenko, Alexey Navalniy, Valeriya Novodvorkaya que aconsejaron al departamento de Estado y a la Comisión Europea sobre las personalidades rusas que deben ser prohibidas de entrar en el territorio de la Unión Europea.

Parece que tanto Washington como Bruselas, lanzando amenazas a todo el mundo que cuestiona sus intentos de imponer su control global diseminando una burda desinformación, no se dan cuenta de que su hegemonía informativa se ha acabado. Actualmente existen varias agencias informativas alternativas como Prensa Latina, TeleSur, HispanTV, Chinese Central Television (CCTV), Russia Today (RT), Russia Segodnia, Press TV, Red Voltaire, Al-Manar, Halak TV entre muchas otras que están desafiando a los medios de comunicación corporativos globalizados con el propósito de romper el monopolio informativo anglo sajón.

Dijo alguna vez el escritor belga Paul Carvel refiriéndose a los medios de comunicación globalizados que "la televisión te lava el cerebro y el internet te elimina toda la resistencia del pasado". La prensa alternativa tiene que tomar todo esto en cuenta para que su televisión aporte el conocimiento y el internet conecte el presente con el pasado y el futuro. Hace bastante tiempo Gabriel García Márquez hablando del periodismo afirmó que "el periodismo es el mejor oficio del mundo y que es una pasión insaciable que solo puede digerirse y humanizarse por su confrontación descarnada con la realidad". Solamente así las noticias y la verdad se convierten en la misma cosa.

abril 11-2014

CIENCIA Y TECNOLOGÍA • CULTURA • OPINIÓN

Sally Burch

Poder y democracia en la Red

En un plazo de apenas dos décadas, Internet y las tecnologías digitales se han instalado en el quehacer diario de gran parte de la humanidad y en torno a ellas se está reorganizando un sinfín de ámbitos de la sociedad. Son tan convenientes –y seductoras– que vivir sin ellas resulta casi impensable; y esto es apenas un inicio, en relación a los cambios que vienen.

No obstante, la misma rapidez con que ello está ocurriendo no deja el tiempo de apreciar plenamente sus implicaciones en los diversos planos, desde la organización de la economía hasta el poder político, pasando por los derechos humanos, el desarrollo cultural o las estructuras sociales. Pero hay signos bastante preocupantes.

Si bien Internet fue concebida originalmente como un espacio abierto, descentralizado y no-comercial (y en mucho ha contribuido, efectivamente, a democratizar las comunicaciones), en estas dos décadas de comercialización se ha producido una concentración y centralización inauditas. Por un lado está la concentración tecnológica, como sucede, por ejemplo, con los grandes cables internacionales de fibra óptica[1] que interconectan países. Por otro lado, está la concentración de contenidos y datos personales, sea en las llamadas redes sociales, en los servidores que ofrecen almacenamiento en la "nube", en monopolios como Google que rastrean datos y comportamientos personales en la red, o en empresas agregadoras de datos (big data) que establecen perfiles de usuarios, y en las propias agencias de seguridad, entre otros.

Las revelaciones de Edward Snowden sobre el espionaje de la Agencia Nacional de Seguridad (NSA) de EE.UU. confirman que los usos de esta información van desde el espionaje a diplomáticos (incluso con la colaboración de hoteles de lujo) para tener ventajas en las negociaciones internacionales, hasta aprovechar datos íntimos de líderes políticos de cualquier país, sea para desacreditarlos públicamente cuando convenga, sea para chantajearlos. Pero también, ha salido a luz que hay empresas que crean perfiles de usuarios/as, que incluyen las vulnerabilidades de los consumidores/as, con miras a explotarlos mejor[2].

Hasta aquí estamos hablando esencialmente de las huellas que todas las personas dejan al navegar en el mundo digital. Pero con la próxima generación de dispositivos inteligentes –que ya están llegando– será también su vida cotidiana en el domicilio o en la calle la que generará estas huellas, comenzando con la Smart TV, la refrigeradora inteligente, el medidor de luz que se comunica con la empresa, la alarma de humo que alerta a los bomberos, los identificadores de placas de los autos en las autopistas... para nombrar algunos. Todos ellos tendrán la capacidad de comunicar elementos como el consumo, horarios, desplazamientos, hábitos (fumar, insomnio, dietas), etc.

Se estima que apenas el 1% de los dispositivos susceptibles de tener una dirección IP (identificador de Internet) lo tiene actualmente. Hacia delante, cada equipo nuevo será parte de la Red, y se hará cada vez más difícil –e inconveniente– optar por desconectarlos. Este fenómeno se conoce como el "Internet de las cosas". En el mundo de mañana, si no se introducen controles y protecciones, casi todo lo que hagamos será recopilado, almacenado, analizado, reprocesado y vendido, no sabremos a quién. El poder que esta infinidad de datos permitirá acumular en las pocas entidades con capacidad de recopilar y procesar tales cantidades de información, rebasa la imaginación.

Concentración acelerada

Este fenómeno de concentración se debe a las características particulares de la economía en la Red (el llamado network effect), que conllevan a la conformación de monopolios, debido a que los usuarios prefieren al servicio más exitoso, donde se encuentran más personas. Por ello, Internet hoy está dominada por una docena de megacorporaciones (todas ellas estadounidenses), que van absorbiendo en el camino a la competencia. La mayoría tiene menos de 15 años de existencia. Con el poder descomunal de estas corporaciones, el resto del mundo podría estar frente a una reedición del neocolonialismo, con sus secuelas de dominación cultural, extracción de riqueza e injerencia política.

Que ya no exista privacidad, ni seguridad en las comunicaciones, es bastante preocupante. Pero aún más peligroso es justamente cómo se está reconfigurando el poder, y su concentración en manos de quienes controlan las tecnologías y los conocimientos. Poder que les permite acumular aún más riqueza, tecnología más sofisticada y, por ende, más poder, en un círculo vicioso, que viene a ser una amenaza para el futuro de la democracia misma. Este poder está concentrado en las agencias de seguridad (principal, aunque no únicamente, de la Alianza "5 ojos": EE.UU., Reino Unido, Canadá, Australia y Nueva Zelandia) y en las grandes empresas monopólicas de Internet, con una clara colusión entre ambas, lo que se evidencia por las "puertas traseras" clandestinas integradas al hardware y software que venden las empresas –o que prestan "sin costo"–, lo que facilita a las agencias de seguridad sustraer y descodificar información.

Muchos gobiernos están preocupados luego de las revelaciones sobre la escala del espionaje de las agencias de seguridad. Pero ello no significa que todos tengan las manos limpias. Es conocido que muchos gobiernos realizan prácticas similares, aunque en menor escala. Y no faltarán autoridades que se abstengan de criticar a la NSA a cambio de recibir datos que puedan servirles para robustecer su poder.

En cuanto a la ciudadanía, hasta hace poco, la mayoría de personas ha venido usando las tecnologías digitales sin preocuparse quién las gestiona y las controla; pero con las últimas revelaciones, comienza a despertarse la conciencia de que el tema sí importa. No obstante, mientras la tecnología digital avanza a pasos agigantados, los marcos legales, los derechos y los mecanismos para garantizar su vigencia siguen al ritmo del mundo analógico. Y si bien algunos países tienen marcos de protección de derechos un poco más avanzados en la materia, como la Unión Europea, y próximamente Brasil (que acaba de aprobar en la Cámara de Diputados el Marco Civil de Internet) su capacidad sigue siendo limitada frente a una Internet sin fronteras.

El modelo multisectorial

Lo que esta situación ha puesto en evidencia es que los mecanismos de gestión y gobernanza en el mundo Internet no están funcionando debidamente, o al menos no en beneficio de las mayorías. Y aquí tenemos un área más –al igual que el medio ambiente, el cambio climático o el sistema financiero mundial– donde la ausencia de mecanismos adecuados y democráticos de gobernanza global está exponiendo al mundo a consecuencias potencialmente gravísimas.

Desde los inicios de Internet, y en particular a partir de las negociaciones en la Cumbre Mundial de la Sociedad de la Información (CMSI, 2003/2005), EE.UU. ha impuesto el "modelo multisectorial" como patrón para la gobernanza de Internet. Este modelo (en inglés multistakeholder, literalmente, de las múltiples partes con intereses en el tema) implica nominalmente la participación de gobiernos, sector privado y sociedad civil; pero en la práctica se ha traducido a que las empresas privadas tengan la voz cantante en las decisiones En las instancias que controlan Internet, se suele priorizarlo en contraposición a lo multilateral (intergubernamental), como si las dos cosas fueran mutuamente excluyentes, sin diferenciar entre las áreas técnicas, donde el sector privado podría tener ciertas competencias, y las áreas de política pública (derechos, resolución de conflictos de interés, restricción de monopolios) que exigen representatividad democrática.

El Foro Económico Mundial (FEM) ha propuesto incluso que el modelo multisectorial debe ir remplazando los mecanismos de las Naciones Unidas, considerados como arcaicos e ineficientes. El informe de la Iniciativa de Rediseño Global del FEM titulado Un asunto que nos concierne a todos: reforzar la cooperación internacional en un mundo más interdependiente[3] plantea una "mejor coordinación" entre un grupo selecto de líderes, como la mejor manera de abordar problemas complejos. Los acuerdos intergubernamentales, marcos internacionales y la legislación de cumplimiento obligatorio ya serían cosa del pasado; la época demanda voluntarismo, códigos de conducta y legislación no vinculante. ¿Y la democracia en eso? Pues... más bien ya se trataría de la "posdemocracia".

Este modelo multisectorial ya se está implementando en varios foros internacionales de elaboración de políticas públicas relacionadas con la industria y los negocios, pero la gobernanza de Internet es quizás donde más ha avanzado, y su profundización podría ser un ensayo para ampliarlo a otras áreas, en momentos en que el poder económico busca soluciones a la crisis económica global.

En este sentido, llama la atención que el multisectorialismo esté al centro de las propuestas de la próxima reunión NetMundial, convocada por el gobierno de Brasil.

NetMundial

Fue a raíz de las revelaciones del espionaje de la NSA al gobierno brasileño y a la propia presidenta, Dilma Rousseff, que ésta convocó una reunión mundial, sobre el futuro de la gobernanza de Internet. "NetMundial"[4] es definida como una "Reunión Multisectorial Global", y tendrá lugar en São Paulo, el 23 y 24 de abril de 2014. 12 países actúan de anfitriones: Alemania, Argentina, Brasil, Estados Unidos, Francia, Ghana, India, Indonesia, Corea del Sur, Sudáfrica, Túnez y Turquía.

La reunión abordará dos temas centrales: la elaboración de principios universales (no vinculantes) de gobernanza de Internet; y una propuesta de itinerario para la futura evolución del ecosistema de gobernanza de Internet. La participación presencial será limitada a aproximadamente 700 – 800 personas (más periodistas), incluyendo representantes de gobiernos, sector privado y sociedad civil, pero se prevén, además, facilidades de participación remota, en línea y en "hubs" locales conectados por Internet, de los cuales hay 33 confirmados en 23 países. Además, se abrió previamente un proceso de presentación de documentos por parte de actores interesados; más de 180 aportes ya se pueden consultar en línea[5].

Carlos Afonso, miembro del Comité Gestor de Internet en Brasil (CGI.br) y de la comisión ejecutiva de NetMundial por el sector de la sociedad civil, al responder a una entrevista de ALAI sobre la organización de NetMundial y su relación con otros procesos existentes de gobernanza de Internet, aclara que: "La reunión de Brasil ha sido convocada conjuntamente por el gobierno de Brasil y por un foro de entidades (1net[6]) de la llamada 'comunidad técnica', creado por esas entidades a partir de la Declaración de Montevideo[7]: declaración motivada por la percepción del alcance masivo del espionaje de EEUU y sus aliados Inglaterra, Australia, Nueva Zelandia y Canadá". Respecto a la participación, cuyos mecanismos han recibido críticas de algunos sectores de la sociedad civil, explica que bajo la égida de CGI.br y 1Net, se organizó un proceso de selección para constituir comités que asuman todo el proceso de organización, definiciones y logística del evento. Y añade que el comité ejecutivo multisectorial se encargó de buscar "el mejor balance de representación posible utilizando varios criterios:

regional, presencia de países 'del Sur', género y otros, para los tres sectores (sociedad civil, sector privado, comunidad técnica/académica)".

En cuanto a la diferencia entre NetMundial y otros foros como el Foro de Gobierno de Internet (IGF) o la CMSI+10, Carlos Afonso responde que: "El IGF es un foro convocado y controlado por el secretariado general de Naciones Unidas, ahora bajo la coordinación de la Comisión sobre Ciencia y Tecnología para el Desarrollo (CSTD), consecuencia de los acuerdos de Túnez al final del proceso de la CMSI en 2005. Por imposición del secretariado y con el apoyo de representantes del sector privado y algunos gobiernos del Occidente, el IGF hasta ahora no ha podido hacer recomendaciones de ningún tipo. El CMSI+10 es parte de un proceso de evaluación de los acuerdos de Túnez, que culminará en un evento en el 2015."

En cuanto a los puntos centrales que están en juego en las negociaciones globales sobre gobernanza de Internet, Afonso opina que incluyen, primero: "la coordinación de la infraestructura lógica de la red: distribución y asignación de nombres de dominio y direcciones IP; definición de protocolos y métodos seguros del sistema de nombres de dominio; coordinación de los métodos de conexión y 'routing', etc. Básicamente involucra a ICANN[8], su contrato con el Depto. de Comercio de EEUU, y el control de la raíz de nombres y números, además de estructuras de coordinación como IETF y el grupo de registradores regionales de números (LACNIC entre ellos)".

Otros temas clave serían: "los derechos de acceso a la red y la neutralidad de la misma a nivel de la conexión en la punta. Las protecciones de derechos relacionados a contenidos y aplicaciones, sobre todo el derecho a la privacidad y a la libertad de expresión en la red. Los conflictos o diferencias entre las legislaciones y políticas nacionales y la universalidad de la red: que involucra cuestiones comerciales, impositivas, cambiarias, de seguridad, de jurisdicción en caso de litigios, etc.".

De un borrador del documento de acuerdos de NetMundial, filtrado por Wikileaks https://wikileaks.org/netmundial-outcome/, se desprende el compromiso central con el modelo multisectorial en todas las instancias de gobernanza, si bien pone mucha insistencia también en procesos transparentes y garantías para la participación equitativa de todas las partes interesadas.

Las propuestas que salgan de NetMundial se encaminarán a otros foros y en particular a la próxima Asamblea General de la ONU, en septiembre. Entretanto, en junio se realizará una reunión de alto nivel organizado por la Unión Internacional de Telecomunicaciones -UIT- en el marco de la CMSI+10.

Para quienes defienden la democracia, e Internet como espacio abierto y parte de los bienes comunes, resulta urgente impulsar un debate público amplio y a fondo sobre estos temas, en el plano nacional e internacional, con miras a buscar soluciones en un marco democrático, donde prime el interés público. De lo contrario, las salidas se impondrán cada vez más desde los poderes fácticos.

Ante esta preocupación, y dada la frustración por el marginamiento de voces críticas del statu quo en espacios como el IGF, se acaba de crear la Coalición por una Internet Justa y Equitativa (Coalición Just Net), comprometida con una red de redes que contribuya al avance de los derechos humanos y la justicia social. La Coalición propone trabajar por la reconfiguración de la gobernanza de Internet hacia un espacio auténticamente democrático.

- Sally Burch es periodista de ALAI.

Notas:

[1] Estos cables han facilitado mucho la tarea de espionaje de la Agencia Nacional de Seguridad (NSA) de EE.UU., que con la intervención en apenas unos 190 centros de datos, puede monitorear casi todo los flujos del mundo, de Internet, telefonía, etc.

[2] Una reciente investigación en el Comité de Comercio del Senado de EE.UU., sobre las prácticas de negocios de los nueve mayores agregadores de datos, encontró que estas empresas recolectan datos desde los anodinos hasta los muy delicados (como historiales médicos), y con ellos generan perfiles que venden sin preocuparse de saber para qué se utilizarán. Al menos una empresa reconoció definir categorías de personas, como una que llama "Viejos buenitos" (Oldies but Goodies), descrita como personas "crédulas" que "quieren creer que su suerte cambiará". Ver http://www.alainet.org/active/72608.

[3]http://www.weforum.org/pdf/grs2010/report/E xecutive-Summary_Spanish.pdf. Ver también: http://www.tni.org/article/not-everybodys-business

[4]http://netmundial.br/

[5]   Lista   de   hubs   remotos: http://bit.ly/1dYRP1m. Documentos presentados: http://content.netmundial.br/docs/contribs

[6]http://1net.org

[7]http://www.icann.org/es/news/announcements /announcement-07oct13-es.htm

[8] ICANN: Corporación de Internet para la Asignación de Nombres y Números. http://www.icann.org. IETF: Grupo de trabajo de ingeniería en Internet. www.ietf.org LACNIC: Registro de Direcciones de Internet para Latinoamérica y el Caribe. http://www.lacnic.net

LUNES, 3 DE MARZO DE 2014

Ucrania, la respuesta imperial por Siria

Gustavo Herren
ARGENPRESS.info

La Historia enseña que hacer la guerra mediante terceros, es una estrategia secular. Infiltrar, financiar, apoyar y armar al enemigo más débil contra el enemigo más fuerte, manteniéndose en una posición encubierta mientras se aniquilan entre sí. Una vez vencido el más fuerte, se manipula y somete al más débil. No es sorprendente que esto siga sucediendo.

Sin perder generalidad, esta técnica fue utilizada desde hace siglos por el imperio Británico que, con una población de unos 3 millones (en el siglo XVII) conquistó la India con 200 millones de habitantes y un producto bruto per cápita equivalente. Hoy, adaptada, perfeccionada y con modernas variantes sigue siendo parte de la estrategia imperialista anglo-americana. Conservando su concepción estructural última de dominación, es aplicada no solo en el plano militar sino como guerra política, con sus variaciones para generar cambios de régimen.

Cuando el enemigo fuerte es el gobierno de un Estado, la relación de fuerzas hace que un cambio de régimen sea poco probable mediante la ofensiva de grupos con pocos elementos, las estructuras estatales están preparadas para ello, de modo que es condición necesaria la participación activa o pasiva de una fracción determinada de la población. Cuando el desgaste, la burocracia y la corrupción interna que caracterizan a un determinado gobierno alcanza cierto nivel, y existe una masa crítica de la población en conflicto es posible potenciar la excitación perturbando el grado de espontaneidad intrínseca para inducir con una multiplicidad de técnicas, una desestabilización y golpe al gobierno. De tener éxito es el pueblo, como enemigo más débil, que pagará directamente las consecuencias sometido por las elites internas concentradoras de capital y sus traidores cipayos locales, y por los grandes capitales externos y sus diversas fuerzas de esbirros.

Lejos de las teorías conspirativas generalmente utilizadas para denostar, Estados Unidos con su 'American exceptionalism' concomitante con su Destino Manifiesto, como autoproclamado gendarme del capitalismo mundial, monitorea permanentemente los países y los conflictos e inestabilidades naturales de sus sociedades (especialmente en aquellos que clasifica como hostiles), y cuando identifica intereses propios prioritarios de cualquier índole, no duda en intervenir amplificando las crisis en forma encubierta o no, para lograrlos.

Para preparar las condiciones, no pocas veces se aplica a la población la técnica del engaño y la sorpresa. Los poderosos multimedios y agencias locales e internacionales de información (como CNN, Reuters, Fox News, BBC) al servicio de los intereses del gran capital y los líderes traidores, omitiendo y falsificando información se ocupan de generar la confusión y el engaño en amplios sectores de la población, como ocurre hoy con parte de los rusos en Ucrania. El relato difundido es que una parte de los ucranianos quieren participar de las bonanzas de la Unión Europea y un gobierno dictatorial se los impide reprimiendo, pero esa es una parte totalmente sesgada y superficial de lo que está subyaciendo, de aquí que los medios alternativos de información son una herramienta muy poderosa para analizar y entender lo que realmente está sucediendo detrás. Una vez utilizados y consumado el golpe sobrevendrá la sorpresa, como en Letonia, Grecia, Chipre, España, Irlanda o América Latina entre muchos otros, el saqueo financiero y de las transnacionales extranjeras, el empobrecimiento, la miseria y el ajuste al pueblo producida por el régimen neoliberal y los acuerdos de libre comercio con la Unión Europea y Estados Unidos, las reformas estructurales de los organismos internacionales de crédito con la trampa irreversible del endeudamiento externo, al menos para empezar.

Dependiendo del proceso particular surge un espectro de metodologías, entre otras el golpe parlamentario contra Manuel Zelaya en Honduras (2009), el de Paraguay contra

Fernando Lugo (2012) tolerados por una gran parte de sus poblaciones. O bien, las llamadas revoluciones de colores a partir del siglo XXI, con movilizaciones no violentas inducidas en sectores de la población de las ex-repúblicas soviéticas al occidente de la actual Confederación de Rusia (incluida Ucrania), en Líbano, Túnez, Irán y en Birmania, aunque no todas fueron exitosas; la manipulación externa de la componente genuina de las primaveras árabes como en Libia y Siria; y también los golpes suaves (especialidad del psicoterrorista Gene Sharp) con movilizaciones y revueltas mas o menos sangrientas, como son las de Ucrania (golpe suave-parlamentario sangriento), Venezuela (con un prolongado golpe suave de desgaste) y Siria.

La energía y costos que demanda esta estrategia de guerra política desestabilizadora es significativamente menor que la de un enfrentamiento militar directo. Esta es una de las causas por la que, según su deteriorada situación económica interna, Estados Unidos interviene simultáneamente en 3 operaciones de guerras políticas con semejanzas, el triplete Ucrania (dirigida contra Rusia) Siria (contra Rusia (base Tartus) e Irán) y Venezuela (indirectamente contra China).

En cuanto al objetivo Venezuela, después de la supresión del líder Hugo Chávez, el próximo paso de Washington para que caiga la integración Latinoamericana y del Caribe con sus institutos es que colapse la Revolución Bolivariana contra el imperialismo, siendo desplazada por Colombia y la Alianza del Pacífico (AP) sometida al hegemonismo estadounidense, la estrategia cierra en lo económico y militar en el Pacífico (United States Pacific Command; USPACOM) contra el expansionismo de China.

La iniciativa de Moscú en el avance sobre el Artico, y la intervención diplomática que hizo fracasar una resolución rápida (cambio de régimen) del conflicto en Siria, necesaria para los atlantistas y sus aliados de Oriente Medio, dejó descolocado a Washington en su corrimiento del foco estratégico de Oriente Medio hacia Asia Pacífico, con China y Rusia como prioridades (1). Su respuesta para retomar la iniciativa: un golpe directo sobre un punto clave del gigante continental ruso.

Activar la guerra política en el mismo borde ruso. Ucrania, un anhelado objetivo del estratega Brzezinski, que incluye la península de Crimea y en ésta, Sebastopol donde la Flota del mar Negro de la Federación Rusa tiene su apostadero principal hasta el 2042, según lo acordado con el derrocado presidente Víctor Yanukóvich. El nuevo régimen extremista pro-occidental de ideología fascista no es reconocido por Moscú, que nuevamente está en riesgo de que Ucrania ingrese a la OTAN que no permite a sus miembros la presencia de bases militares de países extra-OTAN, pero si la de sus miembros, como Estados Unidos por ejemplo, situación que ya había sucedido con el anterior mandatario ucraniano Víctor Yúschenko. Con un gobierno adepto, el Pentágono no tardaría en ampliar a Ucrania su escudo para interceptar misiles balísticos, que está dirigido a Rusia, no a Irán, y con ello su capacidad para asestarle el primer golpe nuclear y debilitar poder disuasivo en forma relevante.

La base rusa en Sebastopol (con 26.000 efectivos) y su Flota Naval aunque no es de envergadura, son clave para asegurar presencia en el mar Mediterráneo y en el mar Negro, por donde pasará el gasoducto ruso South Stream hacia Europa. Cumple además, una importante función disuasiva para países hostiles, como en 2008 en que Moscú envió tropa terrestre y buques de guerra a Georgia cuando ésta quiso anexarse las repúblicas pro-rusas de Osetia del Sur y Abjasia, donde también hay bases militares rusas, operación que había frenado la expansión de la OTAN hacia la frontera rusa.

La hábil jugada de Washington y sus socios europeos en la revuelta de Ucrania, es un problema delicado y no menor para Moscú que apunta a debilitar su posición en la estratificación jerárquica internacional como gran potencia nuclear capaz de contener a Estados Unidos, que lo amerita a una rápida reacción armada como la ocurrida en Osetia del Sur. Además le genera otras consecuencias como reducir su esfera de influencia próxima y que el siguiente paso de la OTAN hacia la frontera rusa sea Bielorrusia; impacta también sobre su economía por lo pronto con la pérdida de varios importantes centros industriales como Kiev, cuya producción estaba destinada exclusivamente a Rusia, impedir que ésta ponga en funcionamiento en el 2015 la Comunidad Económica Euroasiática y prevenir un posible alineamiento Berlín-París-Moscú. Por otro lado, potencia la difusión de la revuelta ucraniana a etnias dentro del territorio ruso y del terrorismo financiado y asesorado por Washington y sus socios en el Cáucaso y Asia Central, además la persecución y matanza de la población rusa en Ucrania y el desequilibrio que produce la migración de masas de refugiados.

Al respecto, el gobierno ruso parece estar reaccionando, no casualmente el golpe fue activado que durante los Juegos Olímpicos de Sochi. La presidente del Senado ruso, Valentina Matviyenko había afirmado que sería posible mandar a Crimea un número limitado de tropas rusas, en función la solicitud de su gobierno. A continuación, el presidente y comandante de las Fuerzas Armadas, Putin, solicitó permiso al Consejo de la Federación para usar las fuerzas armadas en Ucrania, según un comunicado del Kremlin '...Debido a la situación sin precedentes en Ucrania, a la amenaza que supone para los ciudadanos de la Federación Rusa, nuestros compatriotas, y para los cuerpos militares de las Fuerzas Armadas de Rusia que se encuentran en el territorio de la República Autónoma de Crimea.' La solicitud fue aceptada por unanimidad.

Algunas regiones especialmente del occidente de Ucrania ya han sido copadas por milicias opositoras a Rusia, como la del ultranacionalista Muzychko que combatió en Chechenia. Difícilmente Moscú tenga otra opción que realizar la intervención militar, al menos sobre Crimea y la región ucraniana oriental limítrofe, lo aumenta la probabilidad de una secesión de la península en tanto Rusia aspire a conservar su base en Sebastopol. Sin embargo, en estas condiciones es poco probable que pueda evitar el despliegue de la OTAN en la región occidental de Ucrania, que de hecho ya está operando activamente junto a los comandos USEUCOM (United States European Command) y USCENTCOM (United States Central Command) de Estados Unidos, para tener fuerte presencia militar en el mar Caspio.

El movimiento de piezas de Estados Unidos en Ucrania es un golpe duro que puede cambiar la relación de fuerzas en el avance hacia la multipolaridad logrado por Moscú en Siria, ahora está en sus manos retomar la iniciativa...

Nota:
1) Sustaining U.S. Global Leadership: Priorities for 21st Century Defense; U.S. Department of Defense, January 2012. Documento sobre la Defensa Estratégica de los Estados Unidos que reemplaza a la estrategia de guerra preventiva del régimen de G.W. Bush.

La complicidad Estados Unidos e Israel para subvertir a Ucrania

Roberto Garcia Hernandez (PL)
ARGENPRESS-info

Las denuncias sobre la presencia de exmilitares israelíes en las revueltas ucranianas confirman la diversidad de opciones que tiene Estados Unidos en el desarrollo de actividades subversivas en ultramar.

Esa cooperación, como también ocurre en Siria, Afganistán y otras naciones, está en correspondencia con la Circular de Entrenamiento TC-1801 de las Fuerzas de Operaciones Especiales (FOE) del Pentágono, publicada en noviembre de 2010, bajo el título "La Guerra no Convencional" (GNC).

El documento señala en su primer capítulo que el apoyo del gobierno estadounidense a un movimiento de resistencia puede realizarse de forma indirecta o directa.

"En ocasiones no es deseada la asistencia abierta, y en estos casos las autoridades norteamericanas pueden ofrecerlo mediante un socio de una coalición o un tercer país..."

"Normalmente, Estados Unidos circunscribe el sustento indirecto solo al entrenamiento y la logística, porque las guerras limitadas presentan un ambiente mucho más restrictivo y exigen un bajo perfil en las operaciones del gobierno norteamericano".

De acuerdo con la TC-1801, la variante directa es más probable en los escenarios de una contienda general, porque resulta menos controvertida su visibilidad, y puede incluir "una mayor variedad de apoyo logístico, entrenamiento y asistencia con asesores".

Según el sitio digital de la organización académica canadiense Global Research, ex miembros de unidades de operaciones especiales de las Fuerzas de Defensa de Israel (IDF) participan en las acciones subversivas en Ucrania, bajo el mando directo del Partido ultraderechista Svoboda.

Delta es el nombre de guerra del jefe de los llamados Cascos Azules de Maidan, un veterano de un batallón de inteligencia de la tristemente célebre Brigada de Infantería Gibati.

Esa unidad de las IDF participó en varias masacres contra palestinos en la Franja de Gaza entre 2008 y 2009, añade el texto de Global Research, firmado por el profesor Michel Chossudovsky, quien cita como fuente a la Agencia Judía de Noticias.

El grupo que actúa en territorio ucraniano está compuesto por alrededor de 40 hombres y mujeres bajo el mando de cinco exmilitares sionistas.

Por otra parte, a juzgar por el mencionado manual del Pentágono, la variante de GNC aplicada contra Ucrania estaría ya en la última de las siete fases que comprende este tipo de guerra: "la derrota del régimen adversario y la protección del gobierno recién instalado".

Para el estadío actual la TC-1801 prevé acciones destinadas a poner las armas y municiones bajo control de las nuevas autoridades, así como utilizar los miembros de la resistencia como milicias locales.

En todo esto desempeñan un papel fundamental las unidades de Asuntos Civiles (AC), pertenecientes también al Pentágono, las que proporcionan la información a los jefes para establecer, mantener o explotar las relaciones entre las fuerzas castrenses, la población y el resto de los factores del conflicto.

Las llamadas operaciones cívico-militares pueden incluir la realización de actividades y funciones que normalmente son de la responsabilidad del gobierno local, regional o nacional del país donde actúan.

En ese sentido, la TC-1801 establece que "las unidades de AC en la Fase Siete de la GNC se utilizan para apoyar a la administración civil, asesorar, asistir y dar legitimidad al nuevo gobierno".

Por supuesto, en el caso de Ucrania las unidades que realizan estas y otras acciones similares en la etapa actual del conflicto, actúan en cooperación con los servicios de espionaje de los países aliados de Washington en Europa, pero también con la ayuda de Israel, como señala la denuncia de Global Research.

Para ello necesitan grandes cantidades de dinero, pero eso lo prometió el secretario de Estado, John Kerry, quien arribó a Kiev el martes, y antes de pasear por la Plaza de Independencia anunció que Washington otorgaría a las nuevas autoridades ucranianas más de mil millones de dólares.

MIÉRCOLES, 5 DE MARZO DE 2014

Comentario a tiempo:
134 Periodistas asesinados en 2013

Teodoro Rentería Arróyave (especial para ARGENPRESS.info)

El tema es obligado, a partir de que el Instituto Internacional de Seguridad en las Noticias, INSI, por su siglas en inglés, dio a conocer cifras precisas sobre los periodistas asesinados durante el año próximo pasado y en base a sus investigaciones ahora comprobamos que la mayoría de estos crímenes tienen por móvil acallar las informaciones respecto a actos de corrupción gubernamental y privada y que la gran mayoría fueron cometidos con arma de fuego.

INSI es una organización que nació en el 2003 en Londres, Inglaterra con el firme propósito de proporcionar información práctica y capacitación para periodistas de todo el mundo para que desempeñen su trabajo con seguridad. En su presentación asegura que "la seguridad no es sólo nuestra prioridad, es nuestra única prioridad".

Explica que tiene raíces profundas en los medios noticiosos y un enfoque práctico proactivo para asegurar que nuestros colegas de todo el mundo se mantengan fuera de peligro. Su cuerpo directivo está formado por directivos de medios de varios países.

Aquí en nuestro Continente el comunicado de INSI, en el que se destaca que los "Periodistas son blancos cuando investigan corrupción", fue dado a conocer por el colega, Ernesto Carmona, Director de la Comisión Investigadora de Atentados a Periodistas de la Federación Latinoamericana de Periodistas CIAP-FELAP.

Más de la mitad de los periodistas asesinados el año próximo pasado -134-, por hacer su trabajo no se encontraban en zonas en conflicto, sino que cubrían casos de crímenes y corrupción, señala el informe anual divulgado en Londres por el INSI, mismo que titula: "Matar al mensajero".

Según este instituto, en 2013 fueron asesinados 134 periodistas en 29 países y 65 en situaciones de conflicto armado, mientras desde México otra ONG informa que el 88 por ciento de los casos de periodistas asesinados en ese país, permanece en la impunidad y sólo en 8 por ciento se ha logrado esclarecer los crímenes y procesar a los responsables.

"Matar al mensajero" muestra que 65 periodistas perdieron la vida en situaciones de conflicto armado, sin embargo la mayoría de los periodistas (69) fueron asesinados en tiempos de paz por cubrir temas como delincuencia y corrupción. La mayoría de los periodistas fueron atacados a tiros como causa de muerte más común -63 por ciento de los casos-. Sin embargo, 18 murieron en diversos accidentes.

Los periodistas locales llevaron la peor parte de la violencia mortal contra la profesión con el 92 por ciento de todos los casos. Es decir, 123 murieron cubriendo noticias locales en su propio país.

Los enemigos del periodismo parecen temerle más al papel que a la TV. Los periodistas de medios impresos fueron los de mayor riesgo, con 45 muertos mientras hacían su trabajo.

La mayoría de los asesinos de periodistas

disfruta de total impunidad. "Matar al mensajero 2013" encontró que se siguieron procedimientos judiciales sólo en tres casos. La gran mayoría de los agresores permanecen sin identificar.

Finalmente, es de aclararse que de los 134 periodistas asesinados en el mundo, 10 fueron muertos en México. INSI en su portal da a conocer su monitoreo en tiempo real, al cerrar esta entrega contabilizaba 18 periodistas muertos en lo que va de este 2014, de los cuales 3 ocurrieron en México. No tiene referencias sobre las desapariciones forzadas que en nuestro país suman 21 pendientes de aclarar.

MIÉRCOLES, 9 DE ABRIL DE 2014

Corporaciones transnacionales y el gobierno global

Juan Francisco Coloane (especial para ARGENPRESS.info)

Observando la coyuntura en torno a Ucrania, Crimea, Siria y Corea del Norte, por citar los conflictos de más difusión, la actual tendencia de los equilibrios en política internacional está determinada por el diseño económico del capital transnacional.

La confrontación en esas regiones refleja que la geopolítica es cada vez más geo-economía. Las naciones con mayor tutelaje sobre las Corporaciones Transnacionales que dominan la economía global y que son precisamente las que forman gran parte de la Alianza Trasatlántica, comienzan a enfrentar a las naciones ubicadas fuera de esta alianza, aquellas impulsando sus propias corporaciones de llegada global emergentes, como son los casos de China, Rusia, India, Sudáfrica y Brasil y otras naciones fuera de esa alianza con sus economías en alza.

De las 100 Corporaciones Transnacionales con activos de mayor envergadura en el extranjero, alrededor de 90 reconocen como base a países que forman la Alianza Transatlántica y principalmente son Estados Unidos, Reino Unido, Francia, Alemania, Holanda, Italia, Japón (aliado No OTAN), Bélgica, Luxemburgo y España. La disparidad en el poderío de alcance global es enorme respecto al resto de los países, factor para tomar en cuenta en el análisis de la tensión internacional.

Uno de los factores determinantes en las relaciones internacionales, tanto las que se desenvuelven a través de los canales estatales o privados, proviene cada vez más de la inversión extranjera y del papel en su manejo que le corresponde a las Corporaciones Transnacionales (CT). Las cadenas de valor mundiales coordinadas por las CT representan aproximadamente el 80% del comercio mundial (UNCTAD.2013).

Esto significa que gran parte del volumen de capital circulando por el mundo se origina en estas corporaciones. Este enorme flujo de recursos es en sí mismo un determinante mayor a la hora de la suma y resta en cualquier economía dependiente de la inversión extranjera.

El capital de las CT conforma un sistema mundial de bienes y servicios que se transan en procesos productivos fragmentados a través de un intenso comercio fronterizo. El circuito de insumos y productos adquiere vida en redes y franquicias manejadas por contratistas y los bienes y servicios que lo componen, en su gran mayoría pertenece a consorcios privados. Todo ello existe porque al nivel macro, el capital corporativo transnacional además de ser el principal propietario del circulante, diseña y controla.

La implicancia consiste en que cualquier modificación mayor de política económica doméstica y con mayor razón, de política económica internacional, estará sujeta a ese flujo de capitales que proviene de las CT, especialmente las privadas.

Esta circulación se rige cada vez más por los vaivenes y ritmos del mercado mundial de capitales que por las indicaciones de los organismos que tradicionalmente han formulado políticas como son la Organización para la Cooperación y el Desarrollo Económico, el Banco Mundial y el Fondo Monetario Internacional.

Estos organismos diseñaron en las últimas cuatro décadas los destinos económicos de una gran masa de países dependientes del capital foráneo y dictaron sus políticas económicas. Hoy, por la omnipresencia del poderío monetario de las corporaciones transnacionales, esos organismos apenas mantienen cierta "potestad" de entregar algunas indicaciones y estándares para las economías de los países en vías de desarrollo y para los países más desarrollados en crisis, como es el caso de los países menos favorecidos con las políticas económicas de la Comunidad Europea.

El panorama de imbricación entre el capital

corporativo transnacional y las economías nacionales, es el sueño realizado de Jacques Maisonrouge, uno de los más influyentes presidentes de la IBM. En 1974 señalaba que el mundo de las corporaciones globales necesita de una contraparte, una especie de entidad tripartita compuesta por miembros de la fuerza laboral, el Gobierno y la representación de compañías transnacionales, quienes sentarían las bases de las nuevas reglas del juego. (Barnet, R.J.1974).

A partir del ajuste estructural a las economías de la década de 1980 que, en principios como ajuste fiscal, privatización y desregulación, deberían ser permanentes, las reglas del juego de la globalización también implicaban desarrollar uniformidad de gobiernos en los países con el objeto de instalar una sola entidad económica de nivel mundial y finalmente un gobierno global unificado.

La transformación institucional de los estados para darle dirección y legitimidad a ese proceso de ajuste, requiere de su equivalente en el gobierno y en consecuencia en lo político. Ese determinismo económico no es un artificio teórico sino que es la condicionante fundamental para la gobernabilidad de la globalización que se ha expresado esencialmente en su dimensión económica.

A. W. Clausen ejecutivo del Bank of America y que después encabezó el Banco Mundial, señalaba que la expansión de la conciencia de la globalización ofrece a la humanidad quizás la última chance real de construir un orden mundial que sea menos coercitivo del que ofrece el estado-nación (1974). Se bien se observa como una noción un tanto apocalíptica, claramente no está refiriéndose a la desaparición del estado-nación de su país, Estados Unidos, que es el país madre de las corporaciones globales.

El orden mundial actual, sin la bipolaridad soviético-estadounidense, es el que atisbó el genio globalizante de Clausen. Para él y los que abogan el modelo de globalización basado en el actual sistema económico desregulado y ultra corporativo para proteger la rentabilidad del capital privado, la ideología que debe primar no es el internacionalismo sino que el anti nacionalismo, "colocando a la corporación transnacional por sobre la identidad nacional". (Barnet, R.J.1974).

Las funciones de paz de la ONU en la década de 1980 estaban prácticamente moribundas y la OTAN era la mejor alternativa para la seguridad de Europa Occidental. Con el estallido de la guerra en los Balcanes en la década de 1990, esa tesis se comprobó y por implicancia se ha hecho extensiva a la noción de que la seguridad global debería estar a cargo de una fuerza única por razones de racionalidad económica.

La idea de una fuerza global de seguridad no es nueva. Fue planteada en los años 70 con el advenimiento de las corporaciones globales modernas. En ese tiempo ya se pensaba que Naciones Unidas podría ejercer un rol de contraparte global y que al mismo tiempo pudiera funcionar como un brazo armado para mantener paz y seguridad a nivel mundial Sin embargo había reservas por la cantidad de representatividad de países subdesarrollados en el organismo y también por las características del Consejo de Seguridad de Naciones Unidas que nunca ha tenido el beneplácito de las corporaciones transnacionales.

En esa línea, la seguridad global debería privilegiar un sistema de gobernabilidad que fuera lo más uniforme posible, basado en un esquema de protección con códigos e instrumentos adoptados por las naciones.

Como forma de uniformizar en lo más básico los

requerimientos del absolutismo económico global, el cemento ideológico que podría nutrir y legitimar un sistema único de gobierno, es expandir la doctrina de los derechos humanos y aquel concepto de libertad que opera con mayor fluidez cuando no existen desigualdades significativas, particularmente las económicas.

Por la tendencia situacional global, que coloca a la corporación transnacional por sobre la identidad nacional, este esquema doctrinario de protección a los derechos humanos y la libertad - abierto en la apariencia-, ha sido un instrumento que al final privilegia a los que han sido siempre más poderosos, particularmente las naciones con tradición colonialista. La excusa para intervenir o acosar países como Siria. Corea del Norte. Venezuela, Cuba. Myanmar, Irán, y China, son los Derechos Humanos, dentro de la lógica del común denominador para el gobierno global de las Corporaciones Transnacionales. Es así que identidades, culturas, nacionalidades, raíces, tradiciones, forman la retaguardia o desaparecen en la carrera desenfrenada por la máxima rentabilidad del capital sin fronteras.

El consenso de Washington

CEMIDA

ARGENPRESS.info

En marzo de 1989 se derrumbó el Muro de Berlín anticipando el virtual triunfo de los Estados Unidos sobre la Unión Soviética en el conflicto E/O. Previendo esa situación las principales autoridades de empresas líderes de los Estados Unidos, Europa y el Japón constituyeron una estructura política - económica denominada "Comisión Trilateral." Ella diseñó los rasgos necesarios para afianzar el predominio mundial obtenido, originando una nueva doctrina capitalista llamada neo - liberal globalizada.

Ella se explica en el libro "Between Two Ages" del asesor económico de la estructura Zbigniew Brzezinski. Su edición en castellano se conoció como "La Era Tecnotrónica." En él expresa que, ante la derrota comunista, el resultado será el impulso definitivo hacia un capitalismo democrático que ofrecerá mejores oportunidades a los pueblos, y que al aplicarse, se dejaran de soportar las penurias económico - sociales mundiales. Este giro ideológico puso nombre a lo que en 1990 el escritor J. Williamson llamó EL CONSENSO DE WASHINGTON, en su libro "What Washington Means by Policy Reforms". En él explica las políticas económicas financieras globales que el FMI, el Banco Mundial y el Banco Interamericano de Desarrollo impondrán al resto de los países, especialmente a los del Tercer Mundo, como requisitos para su desarrollo. Con el nombre de "Préstamos para el Ajuste Estructural" su cumplimiento es requisito para recibir asistencia financiera o para ser merecedores de una mejor calificación como país deudor. Estas políticas deben obedecer al siguiente decálogo básico:

1) Disciplina fiscal.
2) Reorientación del gasto público.
3) Reforma fiscal.
4) Liberación financiera con libre movimiento de capitales.
5) Política cambiaria con tipo de cambio competitivo.
6 Liberación comercial

7) Inversiones extranjeras directas.

8) Privatizaciones.

9) Desregulaciones.

10) Intangibilidad del derecho de propiedad.

Los resultados de su aplicación son, de acuerdo con lo que expresó el Premio Nobel de Economía Joseph Stigliz en su libro "El Malestar de la Globalización" los siguientes: "Ninguna nación se ha desarrollado en virtud del seguimiento fiel de los dictados de una tecnocracia internacional y local, ya que cada una de ellas es un microcosmos con una problemática singularizada que es fruto de los sucesos históricos por los que atravesó". En realidad lo que se aplicó fueron políticas meramente de ajuste que, desde un enfoque monetario y cambiario, buscan lograr ayuda financiera internacional con el apoyo de los organismos multilaterales de crédito cumpliendo lo determinado por el Consenso de Washington, cuya política financiera se amalgama en una radicalización ideológica "neo-liberal", instrumento de los países con muy alto desarrollo para imponer en el orden mundial una concepción política, económica y social propia

,sin respeto a la libertad de los estados menores y a las visiones de las distintas culturas" En resumen un gran esfuerzo para instalar mundialmente un capitalismo liberal fundamentalista e integrista aplicado a las personas, a los países y a las sociedades en provecho de unos pocos. Las consecuencias de la aplicación de esa doctrina en la Argentina las indicó el escritor Manuel Alvarado en su libro "LA ARGENTINA AGRICOLA" en el que afirma: "Lo que se está aplicando en nuestro país son meramente políticas de ajuste de corto plazo que, desde un enfoque monetario y cambiario intentan obtener la ayuda financiera internacional. A lo que apuntan es lograr la aprobación de los organismos multilaterales de crédito cumpliendo lo que establece el Consenso de Washington". La forma como finalizó la" Guerra Fría "no había presentado un contendor triunfante y claro heredero de la victoria. Ello produjo un vacío conceptual que permitió que de inmediato el "CONSENSO" tratara de imponer sus fórmulas. El mundo ya había asistido a otras "fórmulas salvadoras" que ocultaron intereses de quienes detentaban el poder. Gran Bretaña había propuesto el libre comercio, mientras que en el orden interno protegía desmesuradamente su industria; los Estados Unidos, a su vez, pretendieron demostrar la ineficiencia de lo estatal mientras mantenían poderosas organizaciones estatales para difundir su estrategia tecnológica. A estos ejemplos se sumaron las declaraciones y exigencias de los principales organismos de crédito internacionales que exigen abrir los mercados mientras los países "líderes", que las sustentan, originan todo tipo de perjuicios a los países menores con los subsidios dados a sus propias producciones, en especial a las primarias. El objetivo real es el dominio mundial para asegurar el mejor nivel de vida de unos pocos. Así funciona la globalización, empleada como instrumento de poder por los grandes emporios político-económicos y produce una caída de la independencia y del poder efectivo del resto de los estados. Esta asignación de un poder desmesurado a las organizaciones privadas, especialmente a las financieras, ha originado perniciosos resultados. Según Ricardo Auer en su Consultora Estratégica del 24/03/03 : "se ha provocado un deterioro de los Estados que deja entrever graves peligros para la sociedad. El principal es la creciente privatización de las decisiones políticas soberanas (aun en los Estados Unidos), lo que afecta sus estrategias nacionales. Las múltiples redes de poder privadas (económicas, financieras, mafias, terrorismo y otras) actúan en la práctica de acuerdo con su visión cultural y sus intereses particulares, caracterizándose por una brutal lucha por el poder antes que por el debate de ideas". La lucha se caracteriza en la pugna por los mercados globales, por el control de los alimentos, la energía, el petróleo, los ecosistemas, la minería y en especial por el agua potable. Así se manifiestan los conflictos y las actitudes de los poderosos ante ellos, al ver limitada la posibilidad del empleo masivo del poder militar para solucionarlos por su alto grado de poder letal y la asimetría de los participantes, es operar mediante un gran número de nuevas formas de agresión tales como: la manipulación sicológica; los operativos de prensa; las operaciones de desinformación por parte de agencias especiales de inteligencia; la corrupción de dirigentes; las agresiones económicas; el control por parte de organismos internacionales; la creación y operación de guerrillas; los ataques por los medios de prensa globalizados; la disociación de estados especialmente aquellos con territorios que incluyan espacios vitales estratégicos: el desarme de las fuerzas armadas o su empleo en tareas externas a su espacio nacional tratando de de transformarlas en fuerzas mercenarias internacionales; la militarización interna utilizando fuerzas de seguridad para combatir la "creciente inseguridad" o la contratación de "cipayos vernáculos"• .La aplicación de todas estas estrategias constituye lo que se ha llamado Golpe de Estado Blando y el Consenso las aplicó como correctivos cuando fue necesario, siempre con éxito, siempre ahogando al indisciplinado. En los últimos tiempos la suerte le resulta esquiva como en el intento de agresión contra la República Bolivariana de Venezuela.

En algunos círculos políticos se afirma que una acción semejante está en pleno desarrollo contra el gobierno argentino. El CONSENSO ya no puede sostener la armonía en las relaciones entre los Estados y debe decidir si para mantenerla en el presente y aún en un futuro cercano le resultará inevitable tolerar otras formas de relación que sean libremente elegidas por los pueblos y donde el rol del Estado - Nación pueda o no ser sea necesario. En resumen: UN NUEVO ORDEN MUNDIAL con libertad y justicia. ¿Pagará el precio?

RECOPILACION DE INFORMACION
efectuada por el coronel (r) josé luis garcía y la profesora elsa bruzzone miembros del cemida.

MIÉRCOLES, 9 DE ABRIL DE 2014
Dossier sobre Ucrania
ARGENPRESS.info
RIA NOVOSTI
Especial para ARGENPRESS.info

La era de las guerras privadas / Las protestas en Ucrania son fruto de violaciones de los derechos de los habitantes / La prohibición de entrada de periodistas en Ucrania viola acuerdos internacionales / El flujo inverso de gas a Ucrania provocaría el cese de suministros a la UE / Lavrov: Sería inútil llamar a Rusia a rebajar el precio de gas para Ucrania / Putin sugiere preparar una alternativa a importaciones ucranianas.

La era de las guerras privadas

El mundo está a punto de comenzar una nueva era, la de las guerras privadas, escribe hoy Nezavisimaya Gazeta que se hace eco así de las informaciones de que Kiev podría usar a mercenarios para reprimir las protestas en el este del país.

Según el diario, a principios de marzo se comunicó por primera vez sobre el aterrizaje en Kiev de empleados de una empresa militar privada. Testigos hablaban de grandes grupos de hombres jóvenes con mochilas que llegaban a los aeropuertos internacionales de la capital ucraniana a bordo de vuelos comerciales o privados.

Una fuente militar afirmó entonces que se trataba

de "agentes de compañías militares privadas con gran experiencia en combate"

Posteriormente, el Ministerio ruso de Exteriores dijo que los mercenarios procedían de la empresa estadounidense Greystone Limited, que Kiev habría contratado para entrenar a los milicianos ucranianos y reprimir las protestas.

Registrada en Barbados y perteneciente a la corporación Academi, la compañía está vinculada a los servicios secretos norteamericanos y presta sus servicios allá donde no se cree conveniente emplear las fuerzas regulares.

Según fuentes de Kiev, la iniciativa de contratar a mercenarios pertenece a los oligarcas Ígor Kolomoiski y Serguéi Taruta, designados recientemente gobernadores de las provincias orientales de Dnepropetrovsk y Donetsk, señala Nezavisimaya Gazeta

Ahora cabe esperar que contra los "soldados privados" contratados por el Gobierno podrían empezar a combatir milicias y grupos armados ilegales, recalca el periódico.

"La cuestión es solo quién y cuánto les pagaría. De forma que, al parecer, estamos al inicio de una época de guerras privadas", concluye.

Las protestas en Ucrania son fruto de violaciones de los derechos de los habitantes

Los acontecimientos en el este de Ucrania están provocados por violaciones de los derechos de los habitantes, en particular, por los intentos de limitar el uso del idioma ruso, estimó el ex congresista estadounidense Dennis Kucinich. En los últimos días las ciudades de Donetsk, Járkov y Lugansk, en el este de Ucrania, son escenario de manifestaciones de los partidarios de la federalización del país que exigen celebrar referendos para definir el estatus de sus regiones. El pasado 7 de abril los manifestantes anunciaron la creación de las Repúblicas Populares de Járkov y Donetsk.

"Los ultranacionalistas y los neonazis se

apoderaron del poder mediante un golpe de Estado. Una de las primeras iniciativas suyas fue atentar contra el derecho a usar el idioma (ruso). Por supuesto, provocó una respuesta. Causó temor en el país donde hay tantos rusoparlantes", dijo en una entrevista a esta agencia. Según Kucinich, es difícil comprender quién podría proteger los derechos de los habitantes de la región de conservar su identidad. "Por lo tanto, los crimeos votaron no solamente por una separación formal sino también por una preservación de su identidad cultural", indicó el excongresista.

También recalcó que los habitantes de Ucrania tenían razones de peso para no estar contentos con el gobierno de Víctor Yanukóvich, relacionado con el desempleo, bajos ingresos y una corrupción galopante que convertía cada cargo público en una licencia para robar. "Muchas personas actuaron con sinceridad. Pero ahora los neonazis aprovecharon esa onda para tomar la situación bajo su control y obtener puestos en el Gobierno, algunos de los cuales son muy sensibles desde el punto de vista de la seguridad. Por supuesto que Rusia debe estar inquieta", afirmó.

La prohibición de entrada de periodistas en Ucrania viola acuerdos internacionales La organización internacional Reporteros Sin Fronteras (RSF) manifestó su preocupación por impedir Ucrania la entrada en su territorio a varios periodistas.

Según Johann Bir, representante para Europa de RSF, hoy se supo que las autoridades ucranianas denegaron la entrada en el país a dos reporteros del diario ruso Kommersant y a dos cámaras de la cadena Rossiya 2

"Los libres desplazamientos de los periodistas son parte inalienable de la libertad de prensa. Estamos preocupados por los continuos casos de prohibición de entrada en Ucrania a periodistas rusos lo que constituye una violación de compromisos internacionales asumidos por Ucrania en el ámbito de la libertad de expresión", dijo Bir.

El flujo inverso de gas a Ucrania provocaría el cese de suministros a la UE.

La organización del flujo inverso de gas a Ucrania de Eslovaquia o Hungría tendrá como consecuencia el cese de suministros del gas ruso a la UE, opina el embajador de Rusia ante los Veintiocho, Vladímir Chizhov.

"Se habla mucho de organizar el flujo inverso (de gas desde Europa a Ucrania). Por decirlo de una manera simple, es imposible transportar el gas por una tubería en ambas direcciones a la vez. Por tanto, el flujo inverso, ya sea desde Eslovaquia o desde Hungría, tendrá como resultado el corte de los suministros del este al oeste, es decir hacia la Unión Europea", dijo Chizhov a los periodistas.

Advirtió que la medida supondría también una violación de los acuerdos con la rusa Gazprom. "Aunque sí es posible desde el punto de vista tecnológico, económicamente resultará mucho más caro, según indican expertos independientes. El precio será entre un 15% y un 20% superior al del gas suministrado a Ucrania de Rusia", dijo el diplomático.

Además, llamó a "tomar en consideración las declaraciones de funcionarios del Gobierno eslovaco que se oponen a esa opción". El ministro de Energía de Ucrania, Yuri Prodan, declaró con anterioridad que se está negociando la opción del flujo inverso pero señaló a la vez que Kiev aún no puede renunciar a hidrocarburos rusos.

A finales del año pasado, Rusia y Ucrania acordaron rebajar el precio de gas hasta 268,5 dólares por 1.000 metros cúbicos. Debido a las deudas de la contraparte ucraniana, Gazprom suspendió a partir de este mes el descuento concedido en diciembre, con lo que el precio de gas para el país vecino aumentó de 268,5 a 385,5 dólares por 1.000 metros cúbicos. Más tarde, el monopolio gasista ruso elevó la tarifa a 485 dólares, tras eliminar otro descuento que se acordó en 2010 a cambio de la prórroga de la permanencia de la Flota rusa del mar Negro en Sebastopol. Lavrov: Sería inútil llamar a Rusia a rebajar el precio de gas para Ucrania Sería inútil llamar a Rusia suministrar gas barato a Kiev en el encuentro cuatripartito sobre la normalización en Ucrania, declaró el ministro ruso de Asuntos Exteriores, Serguéi Lavrov. El lunes, el secretario de Estado de Estados Unidos, John Kerry, propuso a Lavrov en una conversación telefónica celebrar negociaciones con la participación de Rusia, Ucrania, Estados Unidos y la UE "Nuestra postura consiste en comprender cuáles son los objetivos del encuentro. Si se trata de instar a las autoridades actuales de Kiev a ocuparse en fin de su país, estamos completamente de acuerdo. Pero si nos dicen: siéntense en la mesa de negociaciones para darles gas barato, etcétera, sería inútil", dijo Lavrov al añadir que las otras partes propusieron fijar el encuentro para este abril. A finales del año pasado Rusia y Ucrania acordaron rebajar el precio de gas hasta 268,5 dólares por 1.000 metros cúbicos. Debido a las deudas de la contraparte ucraniana, Gazprom suspendió a partir de este mes el descuento concedido en diciembre, con lo que el precio de gas para el país vecino aumentó de 268,5 a 385,5 dólares por 1.000 metros cúbicos. Más tarde, el monopolio gasista ruso elevó la tarifa a 485 dólares, tras eliminar otro descuento que se acordó en 2010 a cambio de la prórroga de la permanencia de la Flota rusa del mar Negro en Sebastopol, Putin sugiere preparar una alternativa a importaciones ucranianas El presidente Vladímir Putin manifestó hoy que Rusia debe cumplir la totalidad de sus obligaciones contractuales con Ucrania pero a la vez estar preparada para sustituir las importaciones del país vecino. "Les pido cumplir disciplinadamente todas las obligaciones contractuales pero debemos estar preparados de antemano para cualquier evolución de los acontecimientos, en particular, para sustituir las importaciones", declaró Putin al reunirse con los miembros del Gabinete. El presidente instó a "pensar con antelación dónde, cuándo y con qué dinero se puede organizar una producción propia". También sugirió que se elaboren los correctivos necesarios, en particular, en lo concerniente a los pedidos militares, por si la situación en Ucrania obliga a introducirlos.

Por su parte, el ministro de Industria y Comercio ruso, Denis Mánturov, aseguró que Rusia no depende críticamente de productos ucranianos y podrá sustituirlos en caso de necesidad. Durante la reunión, el primer ministro ruso Dmitri Medvédev propuso exigir que Ucrania pague por adelantado los suministros del gas ruso, pero Putin sugirió celebrar primero consultas con otros socios de Rusia. "Si no aceptan celebrarlas, actuaremos conforme al contrato".

El Gobierno ruso define el mínimo vital en función de la cesta de consumo que a su vez se calcula a partir de la información de Rosstat sobre los precios.

En el cuarto trimestre de 2013, el mínimo vital en Rusia tuvo un promedio de 7.326 rublos mensuales por persona (unos 205 dólares), un 1,4% por debajo del nivel registrado en el trimestre anterior.

España: Los medios del poder

Ángel Cappa (LA MAREA)

La lucha de clases -que por supuesto sigue existiendo porque una minoría se apodera del esfuerzo de la mayoría a la que somete con ese propósito- está en España en un momento de gran tensión. El pago de la crisis, que causó la élite económica y que afecta al 99% de la población aquí y en el resto del mundo, es lo suficientemente gravosa e injusta como para que motive una reacción popular masiva. A la clase dominante no le va quedando otro remedio que reprimir esas protestas. Y para ello, no solo cuenta con sus fuerzas represivas, sino también, y muy especialmente, con sus medios de comunicación que, como siempre, muestran una realidad distorsionada y falsa en términos generales para confundir y desanimar a los afectados (la mayoría).

Como el pasado 22 de marzo ya se esperaban una reacción masiva de la gente ante la severidad y la continuidad del castigo que han impuesto, prepararon y coordinaron la defensa de sus intereses detalladamente. Manipularon la realidad y los manifestantes pasaron de ser víctimas a agresores, en una actitud muy propia de los medios y que cuenta con antiquísimos antecedentes. Infiltrar agentes perturbadores de las marchas pacíficas es tan viejo como eficaz. Siempre habrá grupos de exaltados dispuestos a continuar lo que inician los infiltrados, así como también habrá siempre grupos minoritarios que asumen por cuenta propia una vanguardia violenta porque creen que es el mejor camino para presionar y reclamar justicia, aunque realidad lo que consiguen es alejarse de las masas y favorecer la justificación de la represión.

La manera de encarar la lucha por la justicia no es, ni fue nunca, decisión de una minoría iluminada, sino de los pueblos cuyos tiempos son siempre mas lentos que la ansiedad de algunos militantes. Lo cierto es que lo primero que han hecho los medios y los gobernantes es criminalizar a los manifestantes y a las manifestaciones populares. Un ejército de tertulianos, editorialistas, columnistas, y periodistas de los principales medios, que esperaban con los motores en marcha la orden de "ataque", se lanzaron con renovado entusiasmo a "ensuciar la cancha", a convertir a los agredidos en agresores, y en víctimas de las piedras "terroríficas" de los manifestantes a las fuerzas represoras, entrenadas, armadas y pertrechadas para la ocasión.

Un caso muy similar a las intifadas de los palestinos que con piedras sumamente "peligrosas" atacan sin piedad a los tanques de los militares israelíes. Fue inmediata la presencia en los medios de los policías quejándose de no poder utilizar las armas "legales" para protegerse de tanta violencia, mientras que un manifestante con un testículo menos por una bala de goma, pasa desapercibido en un hospital. Contenedores incendiados, escaparates rotos y jóvenes encapuchados lanzando piedras, ocupan los primeros planos.

Los tertulianos debatían acaloradamente sobre la necesidad de detener a los violentos, los columnistas se lamentaban de lo permisiva que suele ser a veces la democracia, los editorialistas hablaban sobre la importancia de mantener el orden y, en definitiva, la causa de que más de un millón de personas (treinta y seis mil, dijeron en un ridículo alarde manipulador las cifras oficiales) llegaran a Madrid de distintas partes del país, a expresar de forma pacífica y casi festiva su negativa a continuar pagando los platos que otros, los que siguen acumulando riquezas, han roto. Pero esto se difumina, o eso es lo que pretenden, entre los gases lacrimógenos y la catarata de mentiras que acumulan los servidores de este orden tan injusto que padecemos. La misma táctica usan para desfigurar la protesta de los estudiantes que ocurrió días después y así harán con todas las que, seguramente, se irán sucediendo mientras perdure esta situación agobiante que ha agudizado la desigualdad hasta límites nunca antes conocido. Y, además, procuran lograr el consentimiento de la sociedad para reprimir a gusto sin escuchar quejas ni que se hable de derechos humanos.

Lo mismo, pero al revés

Hay una cuestión muy llamativa en todo este proceso de los medios de comunicación de mayor difusión. Resulta que en las recientes protestas debidamente organizadas por las clases acomodadas de Venezuela, y apoyadas por el habitual intervencionismo de Estados Unidos, con encapuchados armados que incluso contaban con francotiradores, no sólo incendiaron contenedores de basura, sino hasta edificios de hospitales. Pero en este caso, los mismos medios que ahora se erigen en defensores del orden, la paz, y el diálogo, y que asemejan a los encapuchados españoles con terroristas, estuvieron y siguen estando sin faltar un solo día a la cita (con una obsesión que solo se explica en defensa de sus intereses económicos), con los encapuchados violentos venezolanos, que para justificarlos califican de protesta ciudadana. Una contradicción in situ, que dirían los tertulianos. Y otra. Aquellas fuerzas de seguridad venezolanas al parecer merecían, según los mismos tertulianos y periodistas del sistema, que las atacaran hasta con armas (varios de sus miembros fueron asesinados, además). ¿Qué diferencias encontrarán estos editorialistas del orden establecido con las fuerzas de seguridad de España? Es curioso, aunque también lógico, ver cómo se ponen a un lado u otro de la trinchera, según convenga o no a los dueños del poder que, en definitiva, son los que mandan. Lo que no resulta tan lógico es comprobar cómo disfrazan de objetividad su clarísima opción por la clase dominante.

El esfuerzo de los medios de mayor difusión para hacernos creer que la situación económica está mejorando resulta en estos días patético, porque a pesar de chocar estrepitosamente con una realidad que los contradice, siguen empeñados en desfigurarla con datos que los economistas no comprometidos con el poder como Vicenç Navarro, Torres López o Eduardo y Alberto Garzón, se encargan de poner en evidencia. Si no fuera por un cinismo indignante, la respuesta del ministro Montoro a un informe de Cáritas que desnuda todas las mentiras que últimamente se están difundiendo, sería cómica por absurda. Sólo le faltó al ministro, el mismo que dijo que los sueldos de los trabajadores no estaban disminuyendo sino aumentando moderadamente, acusar a Cáritas de comunista. Lo cierto es que los niveles de pobreza -sobre todo de pobreza infantil-, de exclusión, de desigualdad o de desempleo, hacen que todo el esfuerzo de los columnistas y tertulianos del neoliberalismo resulte inútil. A los excluidos, a los desempleados, a los oprimidos por las leyes que solo favorecen a las elites no hay cuento que los convenza, y menos si son tan burdos. Por eso Montoro le pide a Cáritas que no provoque debates en este sentido. Es que las elecciones europeas se celebrarán dentro de muy poco y, con la realidad en la mano, el partido en el gobierno ve peligrar su hegemonía.

Para que no puedan engañarnos

Cada vez se hace más necesaria la presencia de medios alternativos y también que se organicen otros similares en los barrios y organizaciones sociales para tener una visión propia de la realidad y poder debatir y encontrar nuestras propias soluciones. Es fundamental tener nuestro propio pensamiento para poder entender lo que pasa y saber qué hacer para cambiar esta sociedad tan injusta.

El capitalismo no es un sistema único y sagrado como nos lo presentan, sino un "sistema de vida agotado", según José Luis Sampedro, "criminal", según Frei Betto, "que mata" según el papa Francisco, "porque es el egoísmo socialmente institucionalizado, la idolatría pública del lucro, el reconocimiento oficial de la explotación del hombre…" tal cual dice (y cita José Sarrión en un artículo reciente) el obispo español ordenado en Brasil, Pedro Casaldáliga. Dice también que "las derechas son reaccionarias por naturaleza, fanáticamente inmovilistas cuando se trata de salvaguardar el propio tajo, solidariamente interesadas en aquel Orden que es el bien de la minoría de siempre". Ese es, precisamente, el orden que es necesario subvertir para hacerlo verdaderamente democrático porque, al igual que no puede haber democracia sin igualdad, no puede haber democracia sin justicia. Tal y como dijo en su momento el papa Pablo VI, "si queremos la paz, luchemos por la justicia".

Viernes 8 de Mayo de 2014

CAPITALISMO CONTRA EL PLANETA
Xavier Caño Tamayo (CCS)
ARGENPRES info

Noticiero televisivo. Lluvias torrenciales en Estados Unidos. Una calle se hunde y arrastra docenas de automóviles, aceras, vía del tren... En segundos desaparece una manzana entera de la calle 26 de Baltimore. Las consecuencias del cambio climático están ahí. Subida del nivel del mar, océanos más ácidos, sequías e inundaciones dejan sus huellas terribles en todo el planeta. Incluso un reciente informe de la Casa Blanca reconoce las tremendas consecuencias del calentamiento en su territorio. Estados Unidos es el segundo país del mundo, tras China, que emite más gases de efecto invernadero.

Desde hace años, muchas zonas de la Tierra son castigadas por temibles huracanes, destructoras tormentas tropicales, lluvias como el diluvio, sequías letales, inmensos incendios incontrolables por la tremenda sequedad ambiental, mientras avanza la desertización y se reducen los polos.

El Grupo Intergubernamental de Expertos en Cambio Climático de la ONU (GIECC) ha concretado las consecuencias de éste en su quinta valoración sobre calentamiento global. Para echarse a temblar.

Desaparición de medios de sustento en zonas costeras y pequeños Estados insulares por tempestades, inundaciones y aumento del nivel del mar. Riesgos graves para la salud y desaparición de medios de sustento de grupos urbanos por inundaciones en el interior. Destrucción de infraestructuras y servicios vitales (agua, electricidad, sanidad y protección social) por fenómenos meteorológicos extremos. Más mortandad y enfermedades en períodos de calor extremo. Más hambre por destrucción de sistemas de alimentación. Pérdida de recursos y sustento en zonas rurales por reducción grave de agua potable y de riego. Pérdida de bienes y servicios en comunidades costeras y de pescadores en los trópicos, en el Ártico...

El informe ratifica que, en los últimos 40 años, ha crecido la emisión de gases de efecto invernadero. De 2000 a 2010 ha aumentado mucho más que en los treinta años anteriores. Y Rajendra Pachauri, presidente del GIECC, alerta de que "si no se adoptan medidas para reducir la emisión de gases de efecto invernadero, el cambio climático avanzará y la estabilidad social quedará muy amenazada. El cambio climático propiciará conflictos violentos, guerras civiles y violencia entre comunidades".

Amenazas cercanas y reales que tienen que ver con la libérrima y desregulada actuación de las élites económicas durante décadas para aumentar beneficios. Algo inherente al capitalismo. La única salida es reducir la emisión de gases de efecto invernadero. Para afrontar el cambio climático, los autores del informe proponen más de lo que ha fracasado: "colaboración público-privada, préstamos, pago de servicios ambientales, aumento de precio de los recursos naturales, impuestos y subsidios, normas y reglamentos, reparto del riesgo y mecanismos de transferencia". Medidas aplicadas algunas desde 1992, tras la conferencia de Río, que no han detenido el cambio climático y sí aumentado la desigualdad. Y es que no se ataca de raíz la dependencia del petróleo, la madre del cordero de la emisión de gases de efecto invernadero.

¿Por qué vamos hacia un suicidio colectivo? Porque los capitalistas países más contaminantes (incluida China como capitalista) impiden un acuerdo mundial obligatorio para frenar en serio el cambio climático.

¿Es posible contener el aumento de temperatura global a 2º? El GIECC dice que sí, si se toman pronto medidas. Transformaciones tecnológicas y cambios reales de conducta individual y colectiva. Solo posibles con cambios políticos y grandes inversiones.

Contener el aumento de temperatura de la Tierra a 2º (más allá de la cual las consecuencias son mucho más graves) significa reducir la emisión de gases de efecto invernadero de 40% a 70 % respecto a la emisión total de 2010. En España, ante la propuesta de un mercado de intercambio de emisiones, como presunto modo de reducción de emisión de esos gases, un empresario respondía entusiasmado que, si había negocio, se podía hablar. Y esa es la cuestión, que no puede haber negocio alguno si de verdad se quiere frenar el cambio climático. Precisa un cambio profundo, un mundo muy lejano a nuestro mundo actual. Y es posible, por difícil que se vea.

Afrontar el cambio climático es cuestión de vida o muerte: continuar la Historia humana o desaparecer como los dinosaurios. Y con el capitalismo (incluso el más "humano y justo" al estilo Roosevelt de Thomas Piketty y compañía) no se frena el cambio climático. Como es imposible que un zorro sea buen guardián de un gallinero.

-Xavier Caño Tamayo es periodista y escritor.

Aldo Torres Baeza: ¿Tendrá dueños el mundo?
Barómetro internacional 8-6-2014

¿Tendrá dueños el mundo? Un dueño implicaría que alguien haya comprado el mundo, o se apoderó de él, y nadie, ¡nadie!, se ha apoderado de este mundo. No, eso sí que no. Es por pura casualidad que 500 empresas controlen el 52% del producto interno bruto mundial. Casualidad. También es casual que las 3 personas mas ricas del mundo posean un patrimonio superior a toda la riqueza de los 40 países más pobres, donde viven alrededor de 600 millones de personas, o que el 20% de la población mundial posea el 80% de toda la riqueza de la Tierra. Es por pura casualidad que el volumen de negocios de una empresa como ExxonMobil sea superior al PIB de Austria, o que el de General Motors sea superior al de Dinamarca. Y bajo este panorama, también es casualidad que los presidentes lleguen a los gobiernos, pero nunca al poder. Temo el día en que estos magnates se sienten en las casas de gobierno, agarren a patadas a los presidentes y, sentados en sus sillas, griten a los cuatro vientos lo que piensan: ¡no necesitamos más a esos mediadores!

Según la FAO, muere un niño cada seis segundos a manos de la desnutrición, ¡100.000 niños en un día!, pero, y he aquí la casual paradoja, la comida alcanza para el doble de la población mundial, entregando 2.700 calorías diarias a un adulto cualquiera. Esto pasa todos los días, a la vuelta del mundo. Y es casualidad que mientras esto suceda, los supermercados de a la vuelta del mundo estén repletos de comida. La otra cara de esta casualidad dice que "solo en Europa se pierden entre un 30% y un 50% de los alimentos completamente sanos y comestibles a lo largo de todos los eslabones de la cadena agroalimentaria hasta llegar al consumidor". Por año, son unos 89 millones de toneladas de comida que la Tierra arroja al tacho universal (mientras la comida colma los basureros, casi 1.000 millones de personas siguen pasando hambre, 3,1 millones de niños se mueren de hambre cada año). 1,4 billones de hectáreas están destinadas a la comida que luego será basura, un 28% de las tierras cultivables a nivel mundial. Quizás ayude el oferton del 2x1: la mitad del plástico al estómago y las arterias, y la otra mitad al tacho de basura.¿Será que para botar el pan en una parte del mundo, es imperioso que en la otra parte se necesite?

¿Tendrá dueños el mundo?

No, claro que no. Y como no hay dueños en el mundo, todos pueden consumir lo que deseen: es casualidad que si el mundo entero consumiera como consumen los norteamericanos, necesitaríamos entre 5 y 6 planetas igual a este para generar la vida. Los mismos estadounidenses poseen solo el 5% de la población mundial, sin embargo, consumen el 30% de la energía y, a la vez, desechan el 30% de toda la basura planetaria. Quizás sea yo, pero me revolotea siempre la misma pregunta: ¿quién paga los costos de aquel nivel de vida? ¿Quién arroja el pan que al otro lado se necesita? ¿Qué pasaría si todos los chinos repitieran el mismo despilfarro? Bueno, nos quedarían las estrellas, quizás en Alfa Centauro pudiésemos levantar un campamento. ¿Por qué razón tiritarán las estrellas, de frio o por temor a que algún día las poblemos para llenarlas de humo y cemento?

Nada tiene que ver el desenfrenado ritmo del consumo, o el plástico arrojado a la basura, con que en las últimas 7 décadas trascurridas tras la Segunda Guerra Mundial se hayan consumido más recursos planetarios que en toda la historia de la humanidad, o que en las últimas 3 décadas se haya perdido cerca de la tercera parte de toda la riqueza natural. Sería por pura casualidad que un día la Tierra diera signos de agotamiento y empezará a derretir su hielo, escupir lava, y empaparnos de ácido. Pero en fin, ya dije que nos quedaban las estrellas si algo así sucediera. ¿Llevaremos los taladros y las picotas subterráneas para estrujar las rocas estelares en búsqueda de unas gotitas de petróleo?

No hay dueños en el mundo. Los televisores, que dicen que pensar, se prenden porque si, y los medicamentos, que adormecen el pensar, se meten solitos en el cuerpo, no es que haya un orden inhumano que impulse a su ingesta. No, nada de eso. Y también es casualidad que los medios de comunicación masivos y los fármacos, dos esplendidas recetas para aguantar la vida, se produzcan solo en una parte del mundo. Si tuviera dueños el mundo, no necesitaría a gente dormida. Claro que no. En Brave New World, Aldous Huxley relata como el Soma tranquilizaba a los ciudadanos. 30 años después de escribir su novela, Huxley repasa el libro, y dice: "La religión, según dijo Marx, es el opio del pueblo. En el Mundo Feliz, esta situación quedaba invertida. El opio o, mejor dicho, el Soma era la religión del pueblo. Como la religión, la droga tenía poder para consolar y compensar, evoca visiones de otro mundo mejor, ofrecía esperanza, fortalecía la fe y promovía la caridad". Hoy, hemos pasado del opio al acopio (de fármacos) del pueblo. La industria farmacéutica, que crece y crece, decora el panorama de Huxley y lo hace casi real: la droga (legal) compensa, calma, estimula, adormece. La gente llena de pastillas sus casas, de los más variados efectos, colores y texturas. Un extraordinario acopio de químicos esperando introducirse en los cerebros y cumplir con su objetivo: pintar mascaras en los rostros evocando una falsa y fugaz sensación de paz. Allá en mis años de mochilero, las manos del destino me estacionaron casi un mes en Bolivia. Cierto: los bolivianos no conocían el copuchenterio de Facebook, muy pocos sabían que era una pantalla Led y de plano no conocían los Iphones, pero tampoco conocían la depresión, el estrés ni las canas. Llegué a pensar que eran sabios disfrazados de indígenas.

¿Tendrá dueños el mundo? Claro que no, es por pura casualidad que el Norte arroje los desperdicios tóxicos al Sur del mundo. No es que este lugar se haya convertido en el basurero de sus dueños. No, nada que ver. Y también es casual que el mundo se divida en mundos: Primero, Segundo y Tercer Mundo. Casualidad, pura casualidad. Esta equivocado el poeta alemán Friedrich Schiller cuando dice que "no existe la casualidad, y lo que se nos presenta como azar surge de las fuentes más profundas". Esto es puro azar. El azar moldea el Nuevo Orden Mundial, a pesar de que al ex consejero de Seguridad Nacional de EE.UU, Zbigniew Brzezinski, le dé por pensar lo contrario: "la resistencia populista persistente y altamente motivada por parte de pueblos políticamente despiertos e históricamente resentidos hacia el control externo demuestra ser cada vez más difícil de suprimir".

¿Hay dueños en el mundo? No: esto es una fantasía más de los desconfiados que no creen en las casualidades.

aldotorresbaeza@gmail.com

JUEVES, 12 DE JUNIO DE 2014

Noam Chomsky: **El gobierno de Obama viola la Constitución de Estados Unidos**

HISPAN TV - TERCERA INFORMACIÓN

El famoso lingüista y filósofo estadounidense Noam Chomsky dijo estar aterrorizado por los programas de espionaje de la Administración del presidente de Estados Unidos, Barack Obama.

Según divulgó el domingo el sitio Web 'Prison Planet', Chomsky aseguró que durante el mandato de Obama estas medidas han sido ampliadas de manera significativa, calificándolas de una "grave amenaza a nuestras libertades civiles fundamentales".

Noam Chomsky aseveró que los documentos revelados por Edward Snowden, ex empleado de la Agencia de Seguridad Nacional (NSA, en inglés) de Estados Unidos, dejan claro que los principios de la Constitución del país norteamericano están siendo quebrantados. Chomsky insistió en que "la Carta de Derechos de Estados Unidos, que protege a los ciudadanos estadounidenses de 'registros e incautaciones irrazonables' y que garantiza la privacidad de personas y sus domicilios", entre otros, está siendo violada actualmente en este país. El famoso crítico de las políticas de Estados Unidos subrayó que nadie, ni los abogados del

Gobierno de Washington, puede "reconciliar estos principios con el asalto a la población", que fue dado a conocer por Snowden, que se encuentra en Rusia como un refugiado. El ex espía norteamericano sacó a la luz el programa de espionaje de Estados Unidos que constituye una clara violación de los derechos humanos y de la privacidad, tanto a nivel nacional como internacional, que ha causado una gran indignación en todo el mundo.

Washington no sólo espió a sus mismos ciudadanos, sino también espiaba ampliamente a los ciudadanos y líderes de otros países, como la presidenta de Brasil, Dilma Rousseff, y la canciller alemana, Angela Merkel.

Sin embargo, las autoridades de Estados Unidos acusan al ex funcionario de la NSA de traición a su país por lo que exigen su extradición para ser juzgado por espionaje.

MARTES, 24 DE JUNIO DE 2014

Los crímenes de guerra de Kiev y la conexión con el avance terrorista en Irak

Gustavo Herren

(ARGENPRESS.info)

Los grandes multimedios del imperialismo y el neocolonialismo occidental y sus satélites menores, presentan con toda liviandad la furibunda y compleja ofensiva militar de Kiev apoyada por los atlantistas contra la población civil en su mayoría de etnia rusa, que se levantó contra el régimen filo-occidental surgido del golpe de Estado del 22 de Febrero. La incipiente masacre y castigo al pueblo catalogado como 'terrorista', que está ocurriendo en el Este y Sur de Ucrania está cobrando características de limpieza étnica, con cientos de muertos y miles de refugiados. La voz de los pobladores que no necesariamente quieren la anexión a Rusia, no tiene espacio en los medios de información que controla el imperio. El Consejo de Seguridad de Naciones Unidas ni siquiera condena estos crímenes de guerra. Hace pocos días, en una conversación telefónica con el presidente de Ucrania Piotr Poroshenko, el vicepresidente de Estados Unidos, Joseph Biden, le expresó su apoyo por las acciones emprendidas en el Este de Ucrania.

El plan de paz y alto el fuego de 15 puntos presentado hace días por el presidente Poroshenko, al parecer envalentonado por el fuerte respaldo de los atlantistas, aunque aceptado por Moscú no parece buscar la paz. No reconoce autodeterminación alguna de los disidentes sino mas bien sugiere una limpieza étnica ya que, hasta el 27 de Junio (día en que firmará el acuerdo con la Unión Europea) las fuerzas de la Operación Antiterrorista cesarán el combate a menos que sean agredidas, con las condiciones que '...los terroristas que depongan las armas serán amnistiados si no cometieron crímenes y aquellos que no lo hagan serán eliminados'; en las regiones de Lugansk y Donetsk deberán liberar los edificios ocupados en forma ilegal y restablecer el funcionamiento de las autoridades, celebrando elecciones locales y parlamentarias anticipadas. También prevé corredores para que los 'mercenarios rusos y ucranianos' se vayan. Poroshenko afirmó que el plan es '...para proteger el territorio nacional ...su fase siguiente es restablecer el control sobre la frontera nacional ...pero la integridad territorial de Ucrania no se discute'. Pero a pesar del alto el fuego, Kiev continúa con algunos bombardeos de artillería. El ministro de Asuntos Exteriores de Rusia, Serguéi Lavrov, calificó al plan de paz de 'ultimátum'. Lo cuál quedó confirmado posteriormente cuando Poroshenko amenazó '...El escenario pacífico principal es nuestro plan A. Pero aquellos que cuentan con usar las negociaciones pacíficas solo para ganar tiempo y reorganizar las fuerzas, deben saber que tenemos detallado un plan B'. Si el plan B no es de paz, es probable que tampoco busque la negociación sino intensifique la guerra fascista de exterminio contra las poblaciones del Este-Sur.

Por su lado, el Consejo Supremo de la República Popular de Donetsk ha solicitado a la Organización de Naciones Unidas que reconozca su soberanía, lo propio ha hecho la República Popular de Lugansk, que un día antes de las elecciones en Kiev habían celebrado un acuerdo para formar un nuevo Estado, Novorossia, apoyadas por el éxito de los referendos de autodeterminación.

Desde el punto de vista militar, un misil es un sistema de proyección autopropulsado dotado de un sistema de guiado, cuya carga útil es una cabeza de combate. El propulsor puede ser un cohete u otro impulsor. En cambio un cohete a secas, carece de sistema de guiado, lo que disminuye significativamente su nivel de precisión para impactar en un blanco. Tal es el caso de los cohetes Qassam, fabricados contra Israel en Gaza. De este modo cuando se toma como blanco toda un área, se puede realizar un bombardeo por saturación mediante lanza-cohetes múltiples, como son los Grad (granizo en la fonética rusa) que pueden lanzar unos 40 cohetes con cabeza de combate en cada ronda. El problema se transforma en un crimen de guerra si en el área de bombardeo hay población civil. La matanza programada de mujeres, niños y ancianos, que usa como excusa la presencia de objetivos militares, encubre los objetivos reales, como son destruir la infraestructura civil para quebrar la gobernabilidad del enemigo, interrumpiendo los suministros de agua, energía, servicios, alimentos, asistencia médica, comunicaciones, transportes, destruyendo viviendas y edificios públicos, para crear caos, terror y el descontento social. Y el peor de todos, el efecto psicológico devastador generado sobre gran parte de la población.

Pero el bombardeo con los Grad es solo una, de las diversas formas de crímenes contra el pueblo que el régimen autoritario del oligarca títere Poroshenko (agente del Departamento de Estado estadounidense desde al menos 2006 (1)) sigue permitiendo en el Este y Sur de Ucrania. El país tiene 24 regiones (equivalentes a provincias, oblasts en la fonética rusa) y al menos 5 entraron en rebelión contra Kiev en mayor o menor medida, como las provincias de Donetsk y Lugansk (partes de la histórica cuenca minera de Donbas con hierro y carbón, una zona industrializada), Jarkov y Dnipropetrovsk (provincias donde se encuentran las fábricas militares), y Odesa. Las respectivas ciudades capitales de estas regiones tienen nombres semejantes. Las revueltas populares en estas regiones proclamando autodeterminación contra el neonazismo pro-occidental y anti-ruso de Kiev, tienen desde su inicio características de espontaneidad. Incluso algunos analistas consideran que esta parte del pueblo tomó conciencia de clase y observan a la rebelión como verdadera lucha de clases, a diferencia de las revueltas artificiales, inducidas externamente con apoyo de las minorías y élites oligárquicas internas ajenas a la masa popular, como ocurrió en la plaza de Maidán en Kiev.

Cuando una mayoría de las poblaciones de las regiones sudorientales con una tradición anti-nazi de generaciones, rechazaron el golpe de Estado en Kiev y reclamaron prioritariamente por sus derechos y autonomía, más que por su incorporación a Rusia, fueron etiquetados como terroristas y la respuesta fue una virulenta operación militar antiterrorista del Ejército ucraniano y otras fuerzas de represión internas y foráneas. Así no es de extrañar, que haya surgido en las regiones disidentes la necesidad de organizarse socialmente para la resistencia, y la formación fuerzas de autodefensa que no es otra cosa que el pueblo en armas. Sin embargo, la relación de fuerzas frente a la embestida, dá la ventaja a Kiev a no ser que las autodefensas del sudeste reciban apoyo externo. De hecho, los atlantistas (Estados Unidos y la Unión Europea) y Kiev vienen acusando a Rusia de mantener el flujo de armamentos para los rebeldes a través de la frontera, aunque Moscú lo niega.

Poroshenko ganó en la primera vuelta con el 54% de los votos pero la abstención registrada en las elecciones fue un 60% sin sumar las regiones de Donetsk y Lugansk que no participaron en la elección. Lo que significa que en realidad fue votado por menos del 22% del total de habilitados para sufragar, es decir la amplia mayoría de los ucranianos no lo votó.

El doble discurso de Poroshenko, sostenía en un principio estar de acuerdo con el diálogo y negociación con las autoridades de Donetsk y Lugansk con la propaganda de abrir para los miles de refugiados un corredor humanitario, aunque ahora se sabe que junto con el alto unilateral del fuego para que las autodefensas se desarmen, servirá para que los independentistas y pro-rusos salgan del país, es decir se trata de una persecución étnica encubierta. Su retórica conciliadora comenzó a cambiar en forma significativa luego de las elecciones, cuando afirmó '...no veo ninguna razón para detener la ofensiva militar en el Sudeste, pero con un cambio en su formato. Debe ser más corta y efectiva y las unidades militares deben estar mejor equipadas'. Mientras el primer ministro ucraniano, Vitali Yarioma, corroboraba luego que '...la operación antiterrorista debe continuar hasta que no quede ni un solo combatiente vivo en el territorio de Ucrania... Ya vimos los resultados en Donetsk'. A su vez, Poroshenko prometió mantener la unidad del país, aseguró que nunca renunciará a Crimea anexionada a Rusia, amenazó a los separatistas pro-rusos pidiéndoles deponer sus armas, y aseguró que antes del 27 de junio firmará el Acuerdo de Asociación con la Unión Europea. Lo que les espera a los ucranianos tal vez pueda observarse en Bulgaria, que con promesas similares entró en la Unión Europea hace 7 años. Hoy está empobrecida y en franco deterioro económico y social, en 2013 perdió el 60% de los puestos de trabajo, se despobló y se convirtió en colonia política de la UE.

De hecho, luego de la asunción de Poroshenko, la operación antiterrorista contra las autodefensas y el pueblo civil del sudeste se intensificó al grado de crimen de guerra. Especialmente, en víspera del referéndum por la autonomía y la independencia celebrado en las regiones del Donbas el 11 de Mayo. Los ataques furibundos de artillería del Ejército y el bombardeo masivo de la aviación de Kiev fueron no solo contra las autodefensas, sino sobre el corazón mismo de las capitales de dos de las provincias rebeldes donde la organización popular es más fuerte, Donetsk y Lugansk, con las ciudades más pobladas del Este, y también sobre sus alrededores (como los pueblos de Semionovka, Nikolaievka y otros). Los bombardeos por saturación, con morteros y artillería pesada continuaron en ciudades como Kramatorsk, Druzhkovka, (al norte de la provincia de Donetsk) y sobre Járkov. Reiterados ataques con artillería a la ciudad de Slaviansk (al norte de Kramatorsk, en Donetsk), fueron lanzadas bombas incendiarias sobre barrios residenciales cercanos y se bombardeó la aldea próxima de Cherevkovka. Bombas incendiarias de fragmentación con fósforo blanco (que causan quemaduras de segundo y tercer grado, prohibidas por las convenciones de Naciones Unidas) fueron lanzadas sobre la aldea de Semenovka (cercana a Kramatorsk). Atacaron con artillería la ciudad de Rubezhnoye (cercana a Lugansk) y destruyeron la usina de electricidad que suministra energía a toda la urbe. Atacaron con tanques, blindados y helicópteros artillados con cohetes las localidades de Volnovaja (y Rubezhnoye). Aplican el terrorismo, como en las masacres fascistas en las ciudades de Odesa y Mariupol (provincia de Donetsk), esta última fue además atacada. También están ejecutando asesinatos selectivos contra funcionarios independentistas cometidos por mercenarios y sicarios, como el del diputado Maxim Patrujin de la República Popular de Donetsk, o la bomba colocada en pleno centro de la capital de Donetsk en que hubo muertos y resultó herido Denis Pushilin, presidente adjunto del Presidium del Consejo Supremo de la República Popular de Donetsk. Hace pocos días, el primer ministro de la República Popular de Lugansk, Vasili Nikitin, denunció que '...La Guardia Nacional de Ucrania ha fusilado a civiles en la ciudad de Schastie que ahora permanece bloqueada... Lamentablemente no podemos llevarnos los cuerpos, varias veces hemos tratado de negociar, pero a nuestros parlamentarios los han matado. Allí hay alrededor de 11 muertos que llevan varios días en la calle'.

Sin duda Kiev tiene más que el visto bueno de los atlantistas, que facilitan en forma abierta financiamiento, ayuda militar y armamento para el Ejército de Ucrania, la Guardia Nacional (con no pocos elementos violentos de extrema derecha y delincuentes amnistiados); también para las fuerzas especiales extranjeras, paramilitares y mercenarios infiltrados como lo manifestó alevosamente el embajador de Estados Unidos en Ucrania, Geoffrey Pyatt. El desfile de los funcionarios del Imperio por Kiev es incesante, entre otros Victoria Nuland la secretaria de Estado adjunta, John Kerry Secretario de Estado, el vicepresidente de Estados Unidos Joe Biden (2), el director de la CIA Joe Brenan, el viceministro de Defensa Derek Shole junto con una delegación del Pentágono.

El secretario adjunto del Departamento de Defensa de Estados Unidos, Derek Chollet, está instalado en Kiev para monitorear la represión militar, pero la estrategia y dirección de las operaciones militares antiterroristas fue tercerizada en parte en un país incondicional a Washington y la OTAN, Polonia. Allí se realizó el entrenamiento de activistas terroristas que participaron en el Euromaidan y se enviaron mercenarios polacos para la represión en el Donbas. El ministro polaco de Relaciones Exteriores, Radosław Sikorski, un antiruso fanático peón de Washington define la estrategia, mientras el renombrado experto polaco en antiterrorismo, Jerzy Dziewulski, quién fue visto en Slaviansk reunido con presidente provisional del régimen de Kiev, Turchynov, lleva adelante las tácticas de represión/crimenes y supervisa a los mercenarios (3).

El presidente Obama se había comunicado con el flamante presidente Poroshenko del régimen, para felicitarle por su victoria y brindarle apoyo para '...poner en práctica las reformas que

Ucrania necesite para la unificación del país, el desarrollo de una economía sostenida y un clima atractivo para las inversiones con un gobierno transparente y responsable'. Lo que en realidad significa eliminar toda resistencia popular a las recomendaciones dictadas por el Fondo Monetario Internacional, parte de la Troika y sus socios, para el ajuste, los cambios estructurales necesarios para las aperturas del liberalismo económico y las privatizaciones, que empobrecerán al país en su totalidad incluído las regiones del Oeste. Por su parte, Poroshenko respondió a Obama, comprometiéndose a '...crear un clima apropiado para las inversiones y atraer a las compañías occidentales'. Así Washington y su protegida la Unión Europea ganan una primera batalla, al debilitar la influencia económica de Rusia sobre Ucrania que pasa a depender de los préstamos con la trampa de deuda perpetua y demás armas de guerra económica de Occidente.

Para ir completando su esfera de influencia, Washington debe avanzar necesariamente en el plano militar, que también apunta a Moscú. El

Pentágono necesita que continúe la guerra en el Sudeste en una intensidad tal que, sirva como pretexto para lograr una paulatina presencia que cristalice con la incorporación de Ucrania a la OTAN, aunque hoy se lo niegue, lo que ampliaría en nada menos que 2400 kilómetros la frontera de la Alianza con Rusia (4). De los 6 países de Europa Oriental que tienen frontera con Rusia continental no son miembros de la OTAN Finlandia, Bielorusia y Ucrania, ésta con la mayor extensión de frontera. La designación de su aliado Poroshenko es un paso clave para alcanzar este objetivo. Por otro lado, Moscú tiene presencia y permanencia militar permanente tanto en Siria como en Crimea, pero no así en Ucrania, de modo que el ingreso directo de tropas rusas a su territorio amerita a un conflicto armado de orden superior que puede ser funcional a la OTAN, y por carácter transitivo a Washington. Lo que no quita, que la extrema cautela de Putin en la respuesta al castigo y crímenes sobre la población ucraniana de habla rusa esté relacionada también con la presión de los grandes capitalistas rusos, que tienen intereses económicos principalmente en la City de Londres y con Occidente.

Pero hay otro factor geoestratégico que relacionan la guerra intestina mantenida por el nuevo régimen ucraniano con la repentina embestida en Irak y Siria, por las fuerzas radicales del Estado Islámico de Irak y el Levante (EIIL). Ambos procesos tienen un factor común para Washington, el transporte y suministro de gas hacia Europa.

Una meta de Estados Unidos y la Unión Europea es reducir la dependencia europea del gas de Rusia, que suministra a esta última un 30% del consumo total, y que inversionistas estadounidenses y europeos compren el sistema ucraniano de transporte de gas, por lo que necesitan presionar a la rusa Gazprom para que dé las garantías de tránsito, bloqueándole otras alternativas de transporte por fuera de Ucrania. El primer ministro Arseni Yatseniuk, ya había anunciado que la reforma estructural de Naftogaz Ucrania preveía dejar el control de los gasoductos y almacenamientos de gas, y que se espera '...explotarlos junto con Estados Unidos y la Unión Europea'. De hecho, hay negociaciones con Chevron, Shell y ExxonMobil. También esas y otras petroleras occidentales se ocuparían de la exploración y producción de hidrocarburos no convencionales por fracking que cubriría una buena parte del consumo de gas ucraniano, que hoy puede ser satisfecho para la población durante unos pocos meses de verano usando el almacenamiento de los depósitos subterráneos. Pero no así la demanda industrial de gas ruso concentrada en el Este del país. De modo que es de esperar que antes de ese plazo, el régimen de Kiev resuelva el levantamiento del Donbas, sea con la paz o con la guerra.

Pero para debilitar la dependencia europea del gas ruso, Estados Unidos busca abrir y controlar nuevas rutas de transporte de gas desde Oriente Medio a Europa que sean alternativas a Rusia y sus socios, para lo que necesita presionar y negociar con Irán y Siria, tercerizando la desestabilización de la región a través de Irak. A unos 2300 kilómetros de Kiev, el régimen autoritario de Saddam Hussein había mantenido a Irak unido en un equilibrio inestable (salvando diferencias, como Kadafi mantuvo entero a Libia o Tito a Yugoslavia, mosaicos de etnias, ramas religiosas y tribus). Cuando los invasores estadounidenses eliminaron a Saddam Hussein, lograron que una cantidad de grupos internos étnico-religiosos (sunitas, chiitas) se organizaran para la resistencia. Al retirarse Estados Unidos profundizó la división histórica de Irak, groseramente kurdos sunitas al norte, y árabes el resto, con sunitas en el centro y chiitas en el sur (estos últimos son la mayoría de la población total del país). Además la invasión civilizadora estadounidense a una de las cunas de civilizaciones más antiguas del mundo (como fueron los sumerios, babilonios, asirios y persas) destruyó el orden estatal dejando un país quebrado, un ejército sin cohesión, y al gobierno chiita de Nuri al Maliki. El gobierno no buscó unir al país sino que mantuvo el enfrentamiento étnico-religioso persiguiendo y reprimiendo a los sunitas, creándose condiciones apropiadas para el resurgimiento de una rebelión. Sin embargo, los rebeldes sunitas fueron los fundamentalistas extremistas de una de las ramas de al Qaeda, el

Estado Islámico de Irak y Siria (EIIS o EIIL), originalmente financiados por los regímenes del Golfo y por Estados Unidos, no casualmente muchas de sus acciones terroristas terminan siendo funcionales a los intereses de sus patrocinadores.

El gobierno de al Maliki tiene buenas relaciones con al Assad de Siria, que a pesar de la furibunda guerra intestina fogoneada por los atlantistas y las monarquías del Golfo no solo no pudieron derrotarlo sino que resultó reelecto por la mayoría del pueblo sirio hasta el 2021. Al Assad pertenece al partido Baath Arabe Socialista y su religión, el islam alauí, tiene puntos en común con el islam chií. A su vez Siria e Irak tienen buenas relaciones con Irán (persas chiitas). De hecho los tres países firmaron un convenio para la construcción de un nuevo gasoducto a Europa, el Iran-Irak-Siria-Europa (IISE), que saldría del yacimiento de gas South Pars en el Golfo Pérsico parte de cual pertenece a Irán, y empezaría a funcionar entre 2014/16. El gasoducto IISE afectaría los intereses de Turquía, el mayor transportador de gas de la región. Por su parte al

Assad planeaba la estrategia llamada de los cuatro mares, para el transporte con ductos por Siria que unirían el Golfo Pérsico, el Mediterráneo, el mar Negro y el Caspio

Washington considera que el actual gobierno de Irak beneficia la propagación de la influencia de Irán en la región, necesita debilitarla y que Irak actúe como Estado tapón entre Siria e Irán. Esta es la funcionalidad de los yihadistas del EIIL que está conformándose como Estado dentro de territorio iraquí y sirio. Por eso Obama lo está tolerando, evitando el despliegue directo de contigentes de tropas terrestres que pudieran repetir otro empantanamiento, y mientras el EIIL no afecte significativamente las fuentes petroleras de Kirkuk y Samarra y su transporte por oleoductos al Golfo Pérsico. Al respecto, el ex-vicepresidente del régimen de George W. Bush, Dick Cheney, sendos criminales de guerra, afirmó '...Mis pensamientos y mis oraciones están con los pozos de petróleo iraquíes'. Sus plegarias no son ni por uno solo, del millón de muertos de la catástrofe humanitaria que causó la invasión estadounidense para llevar la libertad y democracia a Irak.

Afectado por la crisis cíclica del capitalismo, Estados Unidos ya no puede participar en cuatro guerras simultáneas de porte como Vietnam, Afganistán o Irak, sino a lo sumo y con suerte, en una. Ahora en Irak podrá ensayar su doctrina de guerra futura, que busca un ataque eficiente utilizando un número cada vez menor de combatientes en el frente de batalla. Para ello, el Pentágono se está ocupando de desarrollar sistemas de guerra autómatas de bajo costo, y armas basadas en principios físicos no usados antes. El gasoducto chiita Iran-Irak-Siria-Europa (IISE) afecta al proyecto de Washington para transportar gas a Europa por un nuevo ducto desde Qatar (sunita), Arabia Saudita, Jordania, Israel, Siria,Turquía, Europa (QAJISTE), cuya capacidad superaría incluso al proyecto estadounidense del gasoducto Nabucco desde el Cáucaso a Europa, sin atravesar Rusia.

En su estrategia Washington debe avanzar en la construcción de gasoductos desde Oriente Medio a Europa y controlar el paso del gas ruso por Ucrania, cerrando rutas alternativas a Moscú. Tal es el caso del proyecto ruso del gasoducto South Stream que pasará por debajo del Mar Negro, desde Rusia a Bulgaria y de allí a Europa evitando Ucrania. La embajadora de Estados Unidos en Bulgaria, Marcie Ríe, había comunicado que '...Advertimos a los hombres de negocios búlgaros que eviten trabajar con empresas rusas sujetas a sanciones decretadas por Estados Unidos'. Poco después los senadores estadounidenses Ron Johnson, John McCain y Chris Murphy, viajaron a Sofía para exigirle al primer ministro Plamen Oresharski que detuviera la construcción del gasoducto South Stream. Inmediatamente después del encuentro, el gobierno búlgaro anunció la interrupción de los trabajos del South Stream.

El corrimiento del centro de gravedad geopolítico de Estados Unidos hacia Asia-Pacífico hace que los conflictos que induzca en Oriente Medio sean de baja intensidad, adaptados en este caso para presionar y negociar el control del transporte por las rutas energéticas, aunque el objetivo estratégico final sea Rusia como se observa hoy en Ucrania, y en su oportunidad China...

Notas:

1) Michael Collins, President Petro Poroshenko, "Our Ukraine Insider" for the U.S. State Department, 9 June 2014, Global Research

2) Joe Biden y John Kerry están comprometidos con las multinacionales petroleras que explotan yacimientos en Donetsk y Lugansk, Crimea y los Cárpatos

3) Sikorski operó como activista antisoviético huyendo a Inglaterra donde se hizo ciudadano británico. Luego de la caída de la URSS volvió a Polonia donde formó parte de gobierno, participando en la incorporación de Polonia a la OTAN. Es allegado del ex-presidente polaco Alexander Kwasniewski, que convirtió al país en miembro de la Unión Europea. A principios del 2000 trabajó en Estados Unidos en el think tank American Enterprise Institute y fue director de la New Atlantic Initiative.

Dziewulski es un conocido experto en guerra

contraterrorista muy cercano al expresidente Kwasniewski, creador de las Fuerzas Especiales de Polonia, se cree que pertenece al servicios de Inteligencia del Estado. Es explosivista e instructor de francotiradores entre otros 'títulos'. Fue entrenado en Estados Unidos, Francia, Alemania e Israel. Tiene una empresa de seguridad privada especializada (asociada al entrenamiento y contratación de mercenarios). 4) Rick Rozoff, Cómo la OTAN va absorbiendo Ucrania, 3 de mayo de 2014, Voltairenet.

INDICE